長谷浩也 監修

前田貴代
谷口祥子 著

日常指導から教科書活用まで！

聞く力・書く力を育てるメモ指導

思考を整理するメモ技

JN205412

明治図書

監修の言葉

　メモ指導の実態を見ますと，教科書に記載されているメモの指導はされていますが，余剰時間がない理由もあり，メモについての意図的に継続した指導や支援があまりなされていないように思います。

　そのようなこともあってか，児童にとったアンケート（p.68参照）でメモが苦手な理由として，

「どのような場面でメモをしたらよいか分からない」

「何が大事な言葉なのか分からない」

が多かったです。これは，このアンケートをとった学校だけでなく，他の学校でも同じ傾向が見られるかもしれません。一度，実態把握をされてはいかがでしょうか。

　いずれにしても，豊かな言語生活に必要なメモ指導でありますので，メモの目的や場面に対応したメモの種類やポイントなどを指導することが必要です。その際には「学んだことを誰かに伝える」「伝えられる何かを得て役に立った」など，メモを取ったことによる成功体験と如何に絡ませていくかが大切だと思います。

　本書は，場面に応じたメモ活動事例があまり見られない現状から，指導法の紹介とその整理を重点に編集しました。

　特徴として整理した4つのメモ機能【「記録」「整理（まとめ）」「伝達」「創造」】をもとに「日常のメモ指導」「教科書を活用したメモ指導」の2つに分けました。日常のメモ指導では学習場面，朝の会，終わりの会などで，できるだけ活用しやすいよう提案しています。教科書を活用したメモ指導では，指導プランに合わせたメモ機能を取り入れた指導例を提案しています。

この指導例からクラスに合わせた指導をしてくださることを願っています。

　最後になりますが，提案したメモ指導をされる際には，その背景にあるキーワードを捉えることや話のまとまりを意識するなど，各学年の聞く能力を意識していただきたく思います。
　聞く力は，受動的に見られがちですが，表現力の源であり，極めて能動的です。メモ指導に着目されることが，話す力，書く力，読む力につながります。

2024年9月

長谷　浩也

はじめに

「自分が必要だなと思うことは，空いているところにメモを取ってもいいよ」

これは，私が国語の聞き取りテストをする際に必ず言う言葉です。

子ども達は「先生に言われたから」という理由で，一生懸命何かしらのメモを取っています。その際の子ども達のメモを見てみると，必要な情報をキーワードだけで書いているメモ，丁寧な字で書いているメモ，話のすべてを書こうとして途中で力尽きているメモなど様々です。

しかし，「メモって何するの？」「先生，何を書けばいいの？」「先生，書けない。待って！」とざわつき始め，なかには，何も書けず戸惑っている子もいます。そもそも，継続的なメモ指導をしていないのに，書けないのは当然です。そんな経験から，メモを取ることにおいても，発達段階に応じた細かい指導が必要だと感じました。

何のためにメモするかと問われると，忘れないために記録する備忘的要素が多いかと思われます。

しかし，それだけでしょうか。

後でメモを見返しながら，内容の理解を深めることもあります。メモを見ながら，考えをまとめたり，新たな考えを生み出したりすることもあります。メモを使って伝達することもあります。このようなメモの役割を考え，本書ではメモの機能として，「記録」「整理（まとめ）」「伝達」「創造」の4つに分類しています。これら4つの機能については，序章「なぜ『メモ指導』が必要なのか」に記載しています。

第１章では，「メモを取る」という行為を支えるために必要な速記力や聞いて正しく書きとめる聴写の力，身近な話の中から自分に必要な情報を選んで聞き取る力などを育て鍛えるためのスキル学習を「日常指導編」として提案しています。発達段階に応じて，低学年からでも，短時間，ゲーム感覚で楽しく取り組める内容となっています。

　第２章では，教科書教材の中で４つの機能のメモが関連し，メモを活用することで，より目標に迫ることができる実践例を「教科書教材編」として提案しています。

　本書を活用していただくことで，主体的にメモを取り，メモで考え，新たなものを生み出す子ども達が増えることを願っています。メモは，高校，大学，社会人になっても必要なものであります。本書が，メモの可能性をもっと広げ，21世紀を生き抜いていく子ども達にとっての一助となることを切望しています。

2024年９月

前田　貴代

目　次

序章

なぜ「メモ指導」が必要なのか

第1章

実の場で伸ばす！メモ技　日常指導編

序章

なぜ「メモ指導」が
必要なのか

研修や新商品を開発するための会議，よい考えやアイデアが浮かんだとき，おつかいを頼まれたときなど，子ども・大人を問わず，私たちは様々な場面でメモをしています。メモの必要性を感じていない人はいないでしょう。

　しかしながら，忘れてはいけないと思ったときなど，備忘的にメモすることは多いと思いますが，そもそもメモの機能やそれに合った方法をじっくりと考えてメモをしているかというと，意外にそうでないかもしれません。

　メモは，以下のような機能を持っていると考えます。

・自分が知っておくべきことを記録する備忘のための「記録メモ」
・情報や考えていることを整理するための「整理メモ」（「記録メモ」「伝達メモ」「創造メモ」にも関連）
・誰かに伝えるという明確な目的を持った伝達のための「伝達メモ」
・何かを生み出すことを目的とする創造のための「創造メモ」

　このような機能の周知や活用は，豊かな言語生活を送るために年齢問わず求められているといえます。

　小学校学習指導要領国語科（平成29年告示）においても，第3学年・第4学年に「記録」が明示され，記録，いわゆるメモが重視されています。

　本書は，上記のメモの機能に着目して小学校段階で活用できる実践プランを提案しています。

　「メモする」という行為には，聞いたこと，見たこと，感じたこと，考えたことを言語化する力が必要であり，これらは，理解力，語彙力，読解力，聴解力，文章力などと関係しています。

　メモを「記録」「整理」「伝達」「創造」という活動（視点を含む）で考えてみます。

　まずは，「記録」です。

　話を聞く，本を読む，経験や体験を積むなどしてたくさんの情報を忘れな

いために必要な情報を記録します。その際，どのように記録したら後から見たときに思い出しやすいか，自分にとって必要な情報はどれなのか考えながら記録していきます。これは，単純に書きとめるだけのものもありますが，見やすく忘れないように箇条書きにしたり，線を引いたりするものもあります。いずれにしても備忘的な要素が大きいです。

　次に，「整理（まとめ）」です。

　目的に合わせて情報を構造的に捉え直す思考を要する活動です。記録したメモを見直して意見を書き加えたり，新たな視点を見出したりするなど，様々な場面において情報を整理する活動は必要となってきます。この活動は整理することそのものを目的として行われる場合もありますが，前述の「記録」やこれから紹介する「伝達」「創造」と関連していることが多く，中心となる活動といってもよいでしょう。

　それから，「伝達」です。

　整理されたメモをもとに，見学したことをクラスの友達に伝える，調べて分かったことを全校に報告するなど第三者へ伝達するための記録です。自分だけが理解していたらよいものではなく，伝達する対象に必要な情報は何か，それは不足していないか，また分かりやすい説明になっているかなど伝達する相手を見据え，伝達内容を再構成することが大切な活動となってきます。感想を伝え合うなどの相互評価のためのメモも，相手に伝達する目的を踏まえ，ここに含みます。

　最後に，「創造」です。

　意見文や短歌，俳句を表出するために情報を整理したり，イメージを広げたりと表現を支える構想としての記録です。この記録は新たな情報の追加や別視点から捉え直したことにより加筆・修正が繰り返されるのが特徴です。書きとめた複数のメモの整理や一度必要でないと判断したメモを再度見返す

など情報をじっくりと吟味することも必要となってきます。加筆・修正を繰り返し記録したものをブラッシュアップすることになるため伝達メモより時間を要することになります。そのように思考を繰り返し整理されたメモを活用して物語を作ったり，読書感想文を書いたりします。何かを創作するためのメモであるため，対象は読み手や聞き手が限定的でなく，不特定多数の人へと向けられる場合が多いと考えられます。

これまでのことを【メモの機能】として次ページの表にまとめています。
本書では，必要なスキルを鍛えるための実践例を「日常指導編」として記載しています。ゲーム的要素を多く含んでおり，短時間で楽しく気軽に取り組めるような内容となっています。紹介した実践例をもとに先生方が担当されている学級に応じてアレンジしてくだされればさらに効果的な指導となると思います。
また，4つのメモの機能「記録」「整理（まとめ）」「伝達」「創造」に応じた実践例を「教科書教材編」（光村図書版の教材に基づく）として記載しています。メモを活用することにより，より教科書単元の目標に迫ることができる実践例となっています。

このように，子ども達にメモを取る力をつけていくためには，指導者がメモの機能を捉え，日常指導と教科書を活用した指導を往還的にうまく組み合わせながら，意図的，計画的に指導を重ねることが必要であると考えています。

［参考文献］
前田裕二『メモの魔力』（2018，幻冬舎）
堀宏史『すぐメモする人がうまくいく』（2018，自由国民社）
小西利行『図解　すごいメモ。』（2017，かんき出版）
植西浩一『聴くことと対話の学習指導論』（2015，溪水社）
高橋俊三・声とことばの会『聴く力を鍛える授業』（1998，明治図書）

メモの機能

＊活動例の〇数字は日常指導編，
□数字は教科書教材編の事例を参照されたい

機能	内容	主な活動例	主な対象
記録	・得た情報や体験を書きとめるメモ。 ・備忘的要素が強く，メモの主機能として知られている。	・連絡帳⑬ ・聞き取りメモ⑬⑮⑰⑩⑱㉕ 02 04 08 11 ・観察記録⑱ 03 ・読書記録⑫ 12 ・活動記録㉕ ・日記㉕	・自分
整理（まとめ）	・記録したことをもとに目的に応じて整理したりまとめ直したりするメモ（これまでの経験を踏まえた疑問やもっと知りたいことを訊くための質問作りも含まれる）。	・授業ノート⑮ （ノートまとめ） ・報告書作成メモ 06 10 ・要約メモ⑰ 12 ・質問のためのメモ⑨⑯⑲ 05 11 13 ・考えをまとめるメモ 07 09 13	
伝達	・整理されたメモに自分の考えや思いを加え，誰かに伝えるためのメモ。 ・感想を伝え合うなどの相互評価のメモ。 ・伝える相手が限定的で明確になっているものが多い。	・スピーチメモ⑳ 04 05 08 11 ・特別活動（代表委員会，各種委員会，学級活動など）で決まったことの報告㉕ ・感想を伝え合うためのメモ 14	・他者 【読み手，聞き手など対象がはっきりしている場合が多い】
創造	・創作に当たり，構想などを支えるメモ。 ・創作を重視するため，伝達メモよりもメモに加筆・修正を繰り返されることが多い。	・意見文，作文，短歌，俳句，詩，物語，読書感想文などを作るときに活用するメモ㉒㉓㉔㉕ 14 ・連想（ウェビング）メモ 06	・他者 【対象は公衆に広がる】

13

COLUMN
ICT 機器を活用したメモって，どんなもの？

　１人１台タブレット端末やネット環境が整備され，学校現場でそれらの活用が容易となり，場面や目的に応じて，これらにタッチペンなどで書き込んだり消したりしてメモとしての活用が可能となりました。紙媒体と違ってデータとして扱われるため，加工や保存が容易にでき，全体で共有しやすいです。また，ペーパーレスで環境面に配慮できます。

　搭載されている機能を使用すれば，いつでも手軽に音声を録音することができます。この録音も備忘を目的としたメモ代わりになります。

　さらに音声を即時に文字にする機能をもったアプリもあり，これを活用した事例[*]も報告されています。文字にすることで，要約，抜粋などの加工や保存，共有もしやすくなります。話し合いでの発話量や発話者別認識の機能を搭載したアプリもあり，多彩な授業展開が可能となります。また，他の国の言語も即変換できるアプリもあり，それを活用すれば他の国の友達と母国語で会話することができるだけでなく，その会話を文字にするので内容の検討などもできます。これらの機器を活用することで，時間をかけて検討することができ，備忘だけでなく，考えの再構成や発想につながることが期待できます。記録が残っているため，話し合いやインタビューの内容の理解を補ったり，自分の発言を振り返ったりすることが可能です。これらの機器を子ども達に確認し，様々な場面を想定しながら活用例などを考えさせてもよいでしょう。

音声を文字化

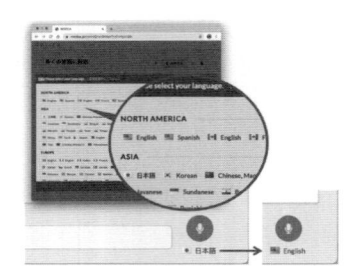

外国語に即時変換

---

*長谷浩也・重内俊介・清瀬真太郎編著『豊富な実践事例とＱ＆Ａでよく分かる！小学校国語科の授業づくり』（2021，明治図書）p.25

長谷浩也「GIGA スクール時代の話合い指導」（『教育科学国語教育』№889，2024，明治図書）

第 1 章

実の場で伸ばす！メモ技

日常指導編

メモを取るために正しく
聞き取ろう〜1文字から

学習場面	朝の会	隙間時間	終わりの会	国語など	家庭学習
	✓	✓	✓	✓	

▌平仮名習得後から聞いて書く力をつけよう

　メモを取るためには，聞いて書くという経験の積み重ねが大切です。平仮名を習得した後から，可能な範囲で取り組めます。まずは，平仮名五十音を正しく聞き取り，文字にする練習から始めましょう。

そのまま使える！活動の流れ

①平仮名の1文字，単語を正しく聞き取る。
②聞き取った内容を正しく書く。
③答え合わせをする。

　平仮名の書き取りを習い始めた頃からできます。初めて習う平仮名は，「つ」「く」「し」など1画で書き終えるもの，次に2画，3画以上へと難易度を上げていくのが一般的です。初めてなので，字の形にも注意し，おれ，まがり，はね，はらいなどにも気をつけさせます。前日に学習した復習として，1文字ずつ教師が読んで，子どもたちが聞き取ったものを書くという活動を毎日の学習として習慣づけてもよいと思います。メモを意識させるなら，字形より読める程度の字で書かせたいです。しかし，1年生にとって臨機応変は難しいです。習った字を書きたいという意欲を大切に，字形に気をつけて書かせましょう。

えー，「ぬ」ってどうやって書くんだったっけ。忘れちゃった。

書けた。できました。

今から先生が言った平仮名をノートに正しく書きましょう。昨日習った平仮名です。
はじめは，「そ」……。
書けたかな。次は，「ね」……。
最後は，難しいよ。「ぬ」。
忘れちゃったときは，後でお手本を見て書くから，空けておいたらいいよ。

　まずは，１文字ずつですが，慣れてきたら，「いし」「こい」「つくし」など習った平仮名で単語を作り，聞き取って書く活動も取り入れることができます。

ステップアップ★チャレンジ

　文字，単語という段階を踏んだ指導で，楽しく取り組ませましょう。また，撥音，濁音，半濁音，長音，拗音も学習後，文を書く前に，１文字や単語で聞き取って書く習慣を身につけさせましょう。「ね」と「ぬ」，「は」と「ほ」など，書き間違いが多い文字の練習にも最適です。

低　中　高

メモを取るために正しく
聞き取ろう～単語・短文

学習場面	朝の会	隙間時間	終わりの会	国語など	家庭学習
	✓	✓	✓	✓	

1年生からメモを取る力をつけよう

　メモを取るためには，聞いて書くという経験の積み重ねが大切です。また，書く速さ，内容の精選と段階を踏んだ指導が必要です。平仮名の学習を終えた1年生から取り組めます。まずは，連絡帳を口頭で書きとめるなど，書き慣れた内容をメモすることから始めましょう。

そのまま使える！活動の流れ

　①連絡帳の内容や短い文を聞き取る。
　②聞き取った内容を正しく書く。
　③答え合わせをする。

　連絡帳を聞き取りで書くことに慣れてきたら，指定された文章を聞いて書きとめる学習をします。教師が一文をゆっくりと読み上げ，正確に書かせます。はじめは2，3回読んでもよいでしょう。片仮名を学習していない時期であれば平仮名で書かせます。清音のみから始め，濁音，半濁音，長音，拗音と増やしていきます。徐々に文章を長くしたり，読むスピードを上げたりして難易度を上げましょう。メモだけでなく，言葉の学習としても効果的な指導となります。

短文例

1	清音のみ	・やすみのひには，ほんをよみます。 ・はやおきは，さんもんのとくといわれます。
2	清音＋濁音	・らくだのせなかには，こぶが，ふたつあります。
3	清音＋半濁音＋濁音	・ぱんだのけは，くろとしろです。
4	清音＋濁音＋半濁音＋促音	・きっぷをかってもらったんだ。 ・ぼくは，もらったえんぴつをさっそくつかった。
5	清音＋濁音＋拗音	・みんなでそだてて，しゅうかくしたとうもろこしをちょうりしよう。
6	清音＋濁音＋促音＋拗音	・せんせいは，ほっかいどうへ　りょこうにいったんだよ。 ・のびたさんは，やきゅうのせんしゅに　なりたいんだって。 ・ききゅうにのって，そらをとんで，くものうえからみてみたいな。きっと，きれいだよ。

下に行くほど文も長くなって難易度が上がっていくよ。
片仮名が書けるようになったら，取り入れてみよう。

ステップアップ★チャレンジ

　聞いて書く活動に慣れてきたら，1回で聞く，書く時間を限定する，絵本のお話や時代劇の台詞（拙者，〇〇でござる）を聞く，のように，様々なバリエーションで飽きさせず楽しく取り組ませましょう。句読点は，点，丸など声に出して読み上げ，書かせましょう。

５Ｗ１Ｈを聞き分け，
メモに取ろうⅠ

学習場面	朝の会	隙間時間	終わりの会	国語など	家庭学習
	✓	✓	✓	✓	

５Ｗ１Ｈを聞き分けよう

　低学年のうちに，聞く視点を与えてから話を聞く習慣を身につけさせたいものです。何をメモに取ったらよいか，大事なこと（メモを取る観点）――「だれが」「いつ」「どこで」「だれと」「何をしたか」を事前に知らせ，聞きながら書く練習をします。はじめは，プリントにあらかじめ５つの観点を書いておいてもよいでしょう。

そのまま使える！活動の流れ

①メモに取る内容を知らせる（だれが，いつ，どこで，だれと，何をしたか）。
②メモを取る準備をする。
③先生の話を聞いて，中点（・）の下に単語や短い言葉で聞きながらメモを取らせる。
④答え合わせをする。

　回数を重ねるごとに，５つの観点を書かず，フリースペースでメモを取らせます。その場合は，内容ごとに中点（・）をつけて書かせることで，話のまとまりを意識させ，箇条書きで書く練習にもなります。

観点を示したメモ例［先生の話した順序通り］

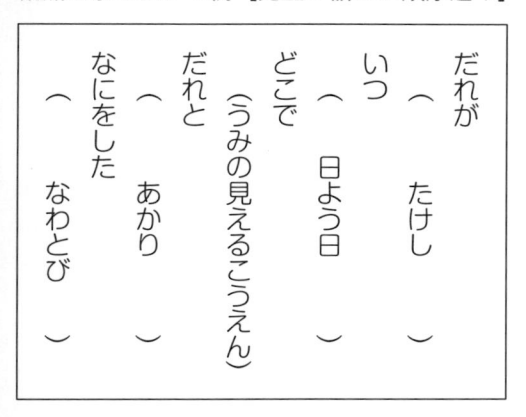

だれが　（　たけし　）
いつ　（　日よう日　）
どこで　（うみの見えるこうえん）
だれと　（　あかり　）
なにをした　（　なわとび　）

たけしさんは、日曜日に、うみの見える公園で、あかりさんとなわとびをしました。

観点を示したメモ例［先生の話した順序でない］

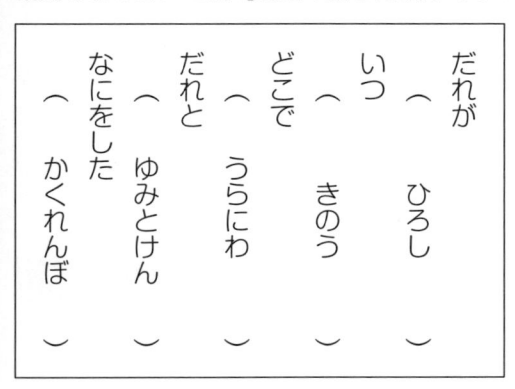

だれが　（　ひろし　）
いつ　（　きのう　）
どこで　（　うらにわ　）
だれと　（　ゆみとけん　）
なにをした　（　かくれんぼ　）

ひろしさんは、うらにわで、かくれんぼをしました。ゆみさんとけんさんとしました。きのう、しました。

 # ステップアップ★チャレンジ

　慣れてきたら，話の順序を入れ替えて聞かせるのもよいでしょう。同じことの繰り返しでは飽きてしまうので，日常の出来事やアニメ，絵本の内容など，子ども達がよく知っている話で，内容に変化をつけましょう。

はやく書いて
しりとりリレーをしよう

学習場面	朝の会	隙間時間	終わりの会	国語など	家庭学習
	✓	✓	✓	✓	

しりとりで楽しみながら速記力を鍛えよう

　鉛筆をバトンの代わりとし，グループのメンバーで交代しながら行います。クラスの実態に合わせ，テーマを自由にする，テーマを限定し，野菜や果物，動物，教室にあるものにしぼるなどとしても面白いと思います。

　グループのメンバーから，1人3回までのヒントをもらったり，ヒントはなしでパス3回までとしたりとクラスでルールを決めてからすることで，隙間時間や学級活動で楽しむことができます。

　また，文字を書く際には，読める程度の字で素早く書くというメモ指導につながる速記力を鍛えることをねらいとしています。

そのまま使える！活動の流れ

①1枚の紙に言葉を書き，グループで交代しながら，制限時間を設け，しりとりリレーをする。
②はじめの言葉や文字を限定するなどルールを確認する（濁音・半濁音は清音でもよい，反対に清音は濁音・半濁音でもよい，時間は5分，パスは1人3回など）。
③全体で確認しながら答え合わせをする。

> グループで交代しながらしりとりをします。鉛筆バトンで交代しますよ。さあ，いくつ書けるかな。テーマは，「え」から始まる学校にあるものです。よーい，スタート！

メモ例

テーマ　学校にあるもの　1ぱん

えだまめ→めだか→かめ→めだかのえさ→さくら→ランドセル→
ルール→ルールブック→くぎ→きょうしつ→つうろ→ろうか→
かさたて→手紙→水→スタンプ→プール→ルーレット→

テーマ　学校にあるもの　二はん

えんぴつ→つみき→きょうしつ→つくえ→えんぴつけずり→りかしつ→ついたて→手ぶくろ→ろうか→かていかしつ→つうちひょう→うさぎ小屋→やさい→いいん会→いす→スカート→トマト→ドア→

 ## ステップアップ★チャレンジ

　ルールをいろいろ変えることでどの学年でも活動できます。食べ物など広いテーマやテーマなしで始めるとよいです。紙に慣れてきたら，チョークのバトンで黒板を使う，ヒントをジェスチャーにするなどのルール変更も楽しいです。

低	中	高

仲間分けをしながら
メモに取ろう

学習場面	朝の会	隙間時間	終わりの会	国語など	家庭学習
	✓	✓	✓	✓	

話の中で聞き取ったことを書きとめる習慣から身につけよう

　メモを取るためには，話を聞きながら，短い言葉で書くという経験の積み重ねが大切です。

　話の中で出てきた言葉（単語）を書きとめることから始めましょう。低学年では，話している言葉すべてを書きとめようとして，話す速さに戸惑いを感じる子どももいます。「食べ物の名前だけ」「動物の名前だけ」と聞く視点や書きとめる言葉を限定することで，メモを取る際の練習になります。

　メモを取らせる前に中点（・）を打たせ，箇条書きで書かせると書きやすいです。聞きながら書くことに慣れさせるため，短時間のクイズ形式で楽しく学ばせましょう。

そのまま使える！活動の流れ

①教師の話を聞く。
②条件に合うものの名前をメモする。
　（例：食べ物，乗り物，色，動物，野菜，花など）
③答え合わせをする。

今から先生が話すお話の中には，たくさんの食べ物の名前が出てきます。よく聞いて，食べ物の名前だけメモしましょう。中点（・）に一つの食べ物を書きます。いくつ出てくるかな。

今日は，何を食べようかな。カレーライスがからくていいな。いや，とんかつもおいしいぞ。ラーメンやうどんも温かくていいよね。ポテトサラダもほしいな。味噌汁ものみたいな。デザートはプリン。アイスクリームも食べたいよ。

先生，全部で8こあったよ。

メモ例

たべもの
・カレーライス
・とんかつ
・ラーメン
・うどん
・ポテトサラダ
・みそしる
・プリン
・アイスクリーム

 ステップアップ★チャレンジ

　教科書の物語や子ども達の好きな絵本の一部を取り上げ，楽しみながら学習できるといいですね。慣れてくると，人物の名前と色など複数の条件をつけて，ノートを上下に分けて書かせるのもよいでしょう。

だれがどんなことを話しているか，聞き分けよう

学習場面	朝の会	隙間時間	終わりの会	国語など	家庭学習
	✓	✓	✓	✓	

■ だれの声か聞き取ろう

音声を聞き取ったり聞き分けたりする力を低学年から育てましょう。

目を閉じて友達の声を当てたり，簡単な内容を聞いてメモしたりする活動です。

目を閉じることで，集中して聞く習慣を身につけさせることをねらいとしています。

そのまま使える！活動の流れ

①全員前を向いて着席し，目を閉じる。

②数名（3，4人）指名し，教室の後ろに立ち，1人ずつ同じテーマについて話す。

③座っている子は，目を閉じたまま，話している子の声を聞き，話者を当てたり内容を聞き取ったりして，メモをする。

④答え合わせをする。

みなさん，今から3人が同じテーマで話をします。だれがどんなことを話しているか，よく聞いて当てましょう。

好きな食べ物は，アップルパイです。

メモ例

> 好きな食べ物
> ①田中さん
> 　　アップルパイ
> ②井上さん
> 　　お好み焼き
> ③吉田さん
> 　　おすし

好きな食べ物は，お好み焼きです。

好きな食べ物は，お寿司です。

 # ステップアップ★チャレンジ

　慣れてきたら，「好きな〇〇」と「その理由」を話させるなど，難易度を上げます。スモールステップで繰り返し活動させることで，集中して聞く力を無理なく伸ばすことができるでしょう。

正しく聞き取って
お話ビンゴをしよう

学習場面	朝の会	隙間時間	終わりの会	国語など	家庭学習
	✓	✓	✓	✓	

▌キーワードを聞き取ろう

　まとまりのある話のキーワードを聞き取る力は低学年から培うことが大事です。昔話や物語など，教師の話を集中して聞いた後ビンゴゲームにすることで，楽しみながらキーワードを取り上げる練習をしましょう。

そのまま使える！活動の流れ

①教師の読み聞かせを聞く（昔話や物語）。

②キーワード（登場人物や出てきたもの）をカードに９つ書く。

③キーワードの発表を聞き，縦・横・斜めなどそろったら立つ。

▌キーワードの発表

　キーワードとしての言葉は，話の構成上重要な言葉を教師があらかじめ選んでおきましょう。例えば，重要な登場人物，重要なものや場所などが考えられます。キーワードを選ぶことに慣れてきたら，子ども達に③のキーワードの発表をさせても盛り上がるでしょう。

「ももたろう」の話をよく聞いて，「お話ビンゴ」をしましょう。

ビンゴ記入例

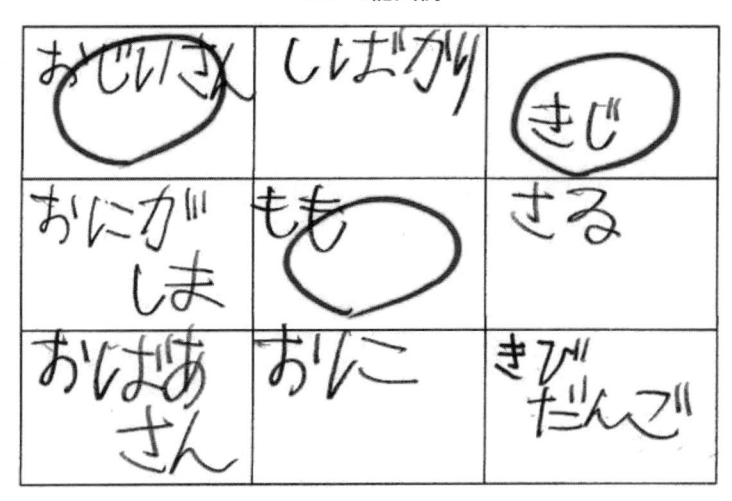

やったー。あと一つでビンゴになる！

 ## ステップアップ★チャレンジ

　みんなが知っている話からスタートし，言葉の選び方に慣れてきたら知らない話や長い物語にも挑戦できます。教師が創作した話でビンゴゲームをしてもよいでしょう。続けて活動することで聞く力をつけることができます。

諸感覚を使って
観察したことをメモしよう

学習場面	朝の会	隙間時間	終わりの会	国語など	家庭学習
	✓	✓	✓	✓	

諸感覚を使って詳しく書きとめよう

　生活科や理科の学習でも，諸感覚を働かせてじっくり観察することは大切です。諸感覚を目マーク，耳マークなど絵で表し，観察したことを短い言葉で表現できるようにする力をつけます。詳細を観察することで，集中して見る力，たくさんの情報を得る力も養うことができます。

　また，植物は手に取って観察することができますが，動きが素早いトンボやメダカ，コイなどは実際に触ることができないため，触った感じは，想像して書かせるようにします。

　このようにメモを取る力だけでなく，語彙を増やし，書くことの教材にも応用できます。

そのまま使える！活動の流れ

①観察するものを決める。

②諸感覚（目：見た感じ，耳：聞いた感じ，鼻：におった感じ，手：触った感じ）に分けたメモを用意し，観察しながら短い言葉でメモを取らせる。

③クラスで共有する。

今から，みんなで，中庭の池の鯉をじっくり観察します。よーく見て，聞いて，感じて，詳しく短い言葉で書きましょう。

メモ例

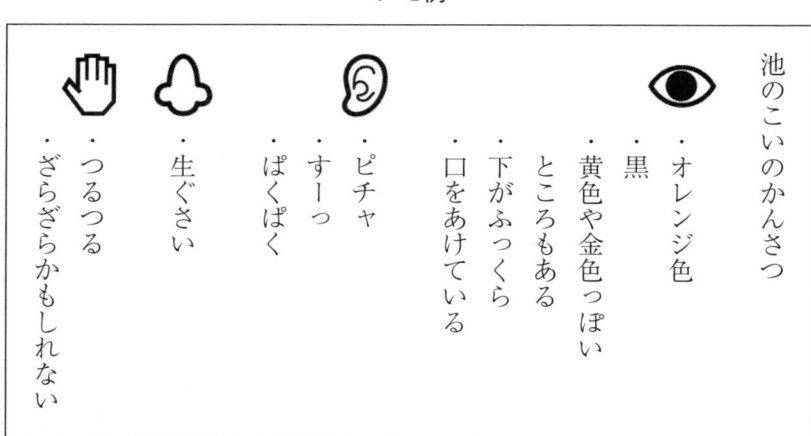

池のこいのかんさつ

・オレンジ色
・黒
・黄色や金色っぽい
・ところもある
・下がふっくら
・口をあけている

・ピチャ
・すーっ
・ぱくぱく

・生ぐさい

・つるつる
・ざらざらかもしれない

ステップアップ★チャレンジ

　はじめは，草や花など教室での一斉指導がよいでしょう。慣れてくると，外で動きのある生き物で興味を持続させましょう。また，高学年では，時間を限定する，鉛筆やランドセルといった諸感覚を働かせないと表現しにくいものを対象にするなどして難易度を上げましょう。クラスで共有することで，新たな言葉の側面に出会えるでしょう。

ペアでインタビューし，質問したことをメモしよう

学習場面	朝の会	隙間時間	終わりの会	国語など	家庭学習
				✓	

■ 学校で働いている人のことをもっと知ろう

　校長先生，教頭先生，保健室の先生，事務室の先生など，学校には担任の先生以外にもたくさんの人々が働いています。その人たちのことについて知ったことをクラスのみんなに伝えるという目標で，インタビューやメモの学習に取り組ませましょう。本活動は，学校生活や話したり聞いたり，文字を書いたりする学習に慣れた1年生2学期後半からで設定しています。

そのまま使える！活動の流れ

①質問する相手と質問したい内容をペアで決める（2つ）。
②インタビューする。
③インタビューして分かったことを思い出して，教室でメモする。
④メモを見ながら，分かったことをクラスのみんなに発表する。

　質問は2つと限定し，ペアでインタビューします。挨拶，質問をしてもよいか尋ねる，最後にお礼を言うなどの事前指導が必要です。質問が決まったら，インタビューし，教室に戻ってから，質問に答えてもらった内容を思い出してメモに取ります。話を聞きながら書く活動は，書くスピードに差があります。集中して聞き，後から書く方が子ども達は取り組みやすいです。そのため，質問を2つと限定し，2人で協力しながら思い出させます。

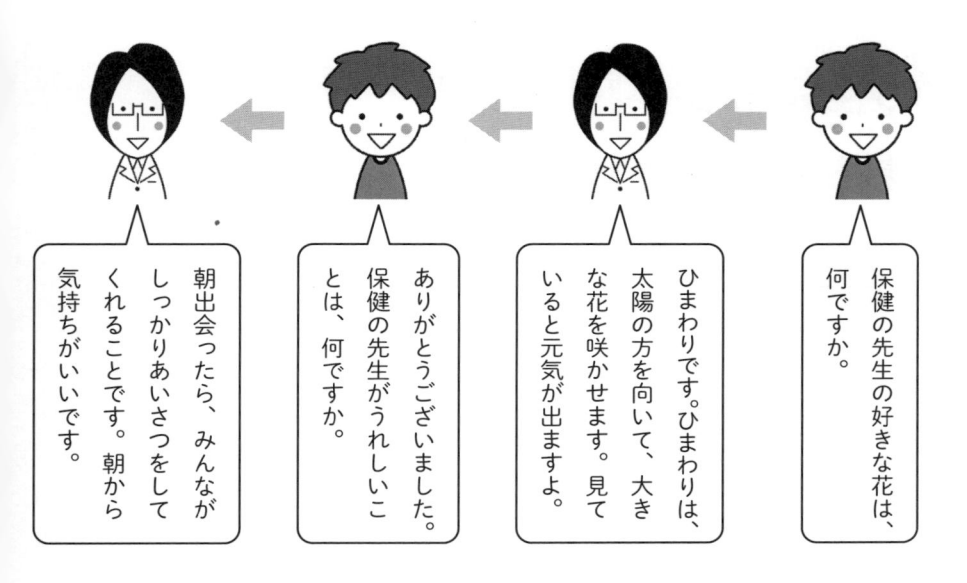

朝出会ったら、みんなが
しっかりあいさつをして
くれることです。朝から
気持ちがいいです。

ありがとうございました。
保健の先生がうれしいこ
とは、何ですか。

ひまわりです。ひまわりは、
太陽の方を向いて、大き
な花を咲かせます。見て
いると元気が出ますよ。

保健の先生の好きな花は、
何ですか。

思い出して書いたメモ例

ほけんしつの先生

・ひまわり
・たいようのほうをむ
　いて、大きな花をさ
　かせる。
・見ているとげんきに
　なる。
・みんなが、しっかり
　あいさつをすること。
・あさからきもちがい
　い。

 ## ステップアップ★チャレンジ

　事前に質問を知らせ，子ども達が後でメモに取りやすいよう簡潔に答えてもらう
ことをお願いしておきます。質問が思い浮かばないペアには，好きな給食のメニュ
ーや子どもの頃の好きな遊びなどいくつか例を挙げるのもよいでしょう。

メモに取って
まちがいをさがそう

学習場面	朝の会	隙間時間	終わりの会	国語など	家庭学習
	✓	✓	✓	✓	

よく聞いて間違いを見つけよう

　授業の隙間時間など日常的に取り入れ，集中して聞く力やメモを取る習慣を身につけさせます。はじめは，教師や子ども達の日常的な話や子ども達の好きなテレビ番組の話をして，内容が分かりやすいものにします。慣れてきたら，教科と関連した話（歴史上の人物のエピソード，理科の実験，跳び箱を跳ぶコツなど）とすることで，学習の復習にもなります。

　高学年になると，単語の違いだけでなく，聞いて「あれ，おかしいぞ」「それならこういう考え方もできるな」と思うような話を用意し，批判的に聞く力を培っていきます。

そのまま使える！活動の流れ

①教師が間違いがある話をし，最後まで話を聞く。間違いは３つなど，あらかじめ間違いの数を伝えておく。
②話を聞き，間違いを探しながらメモする。
③答え合わせをする。

> 先生は，青いポストに手紙を入れました。その
> とき，大きい犬がニャーニャーとほえました。
> びっくりして，足に持っていたかばんを落とし
> てしまいました。

メモ例

・先生　青いポスト　手紙
・大きい犬　~~ニャーニャー~~
・足にもって
　かばんおとす

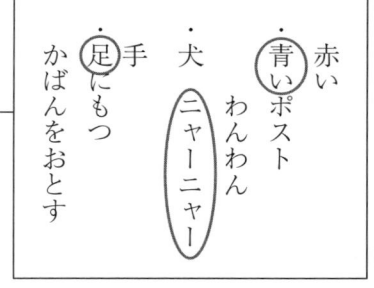

（メモ内容：赤い　・青いポスト　・犬　わんわん　ニャーニャー　手　・足にもつ　かばんをおとす）

 ## ステップアップ★チャレンジ

　子ども達が好きなゲームのキャラクターやアニメなどの話にするといっそう盛り
上がるでしょう。徐々に話す文章の量や間違いの数などを増やし，難易度を上げま
しょう。最終的には，話の内容をすべて受け入れるのではなく，メモを見返しなが
ら，新たな発見や考えが思い浮かぶよう批判的な視点をもつことにつなげていきま
しょう。

グループ分けをして，
仲間にしよう

学習場面	朝の会	隙間時間	終わりの会	国語など	家庭学習
	✓	✓	✓	✓	

仲間になる言葉を見つけよう

　パトカー，救急車は「車」の仲間，キュウリ，白菜は「野菜」の仲間など，上位語と下位語については1年生から学習します。車や野菜などの上位語という言葉を知らなくても，「仲間になるもの同士で分けましょう」というと，国語科で学習していなくても取り組めます。

そのまま使える！活動の流れ

　①班で相談しながら，ばらばらになった複数の言葉カードのグループ分けをする。
　②グループ分けしたカードごとに何の仲間（観点）で分けたかメモする。
　③考えたものを発表する。

　はじめは，動物や食べ物，野菜，車など子どもにとって身近なもので分けていきましょう。また，示すカードによっては，車（パトカー，救急車など），船（客船，漁船など），電車（モノレール，新幹線など）などの観点をまとめて，さらに上位語の「乗り物」でグループ分けできることも押さえておきましょう。また，多角的に物事を見る力を培うために，別の見方をすれば，「赤いもの」「食べられるもの」「まるいもの」など，様々な観点になるような言葉カードも準備しておきましょう。

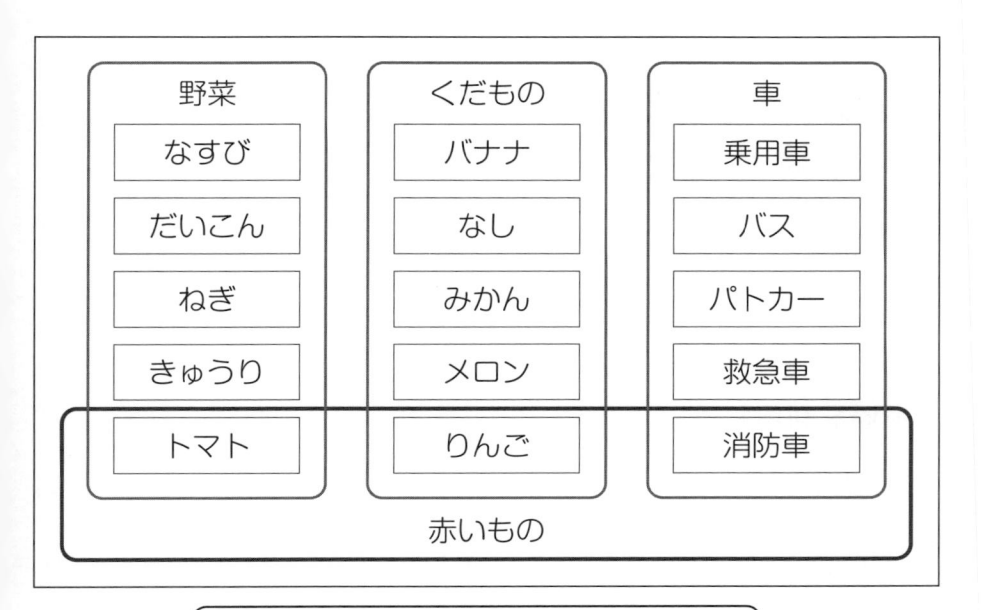

野菜	くだもの	車
なすび	バナナ	乗用車
だいこん	なし	バス
ねぎ	みかん	パトカー
きゅうり	メロン	救急車
トマト	りんご	消防車

赤いもの

「野菜」「くだもの」「車」の3つに分けられたね。

……よく見ると，「赤いもの」でも分けられるよ。

本当だ！ほかにもあるかもしれないね。探してみよう。

 ## ステップアップ★チャレンジ

　上の例では，「緑色のもの」「長いもの」などの観点で考えられます。高学年では，すべて「歴史上の人物」カードにして，観点を考えさせても面白いでしょう。

お話を聞いてメモに取り，
あらすじをつくろう

学習場面	朝の会	隙間時間	終わりの会	国語など	家庭学習
		✓		✓✓	

挿絵を利用して

　話の大体を捉え，あらすじをまとめる力は，全学年を通してつけたい言葉の力です。ここでは，１年生教材「おおきなかぶ」（光村図書１年上・他）を例に，挿絵とメモを使った活動を紹介します。また，「おおきなかぶ」を学習済みであることを想定しています。

そのまま使える！活動の流れ

①教師による読み聞かせを聞く。
②挿絵に合うように，短くメモをする。
③メモをつなげて，あらすじを言う。

ペアやグループで協力しよう

　あらすじをまとめることは，話の大体を聞きながら理解したり，大事な言葉を的確に選んだりなど，言葉の力を駆使します。主要な登場人物がしたことや出来事がキーワードとなることを知らせ，あらすじメモに挑戦させましょう。慣れるまでは，ペアやグループで協力して楽しく活動し，苦手意識をもたせないようにしましょう。最初はうまくまとめられなくても，教師の手本や他のグループのあらすじに触れることによって，徐々に上手になります。

活動② 挿絵に合うように，短くメモをする

> おじいさんは大事な登場人物だから入れよう。

> そうだね，賛成。おじいさんが，「かぶの種をまいた」ことも大事だから入れよう。

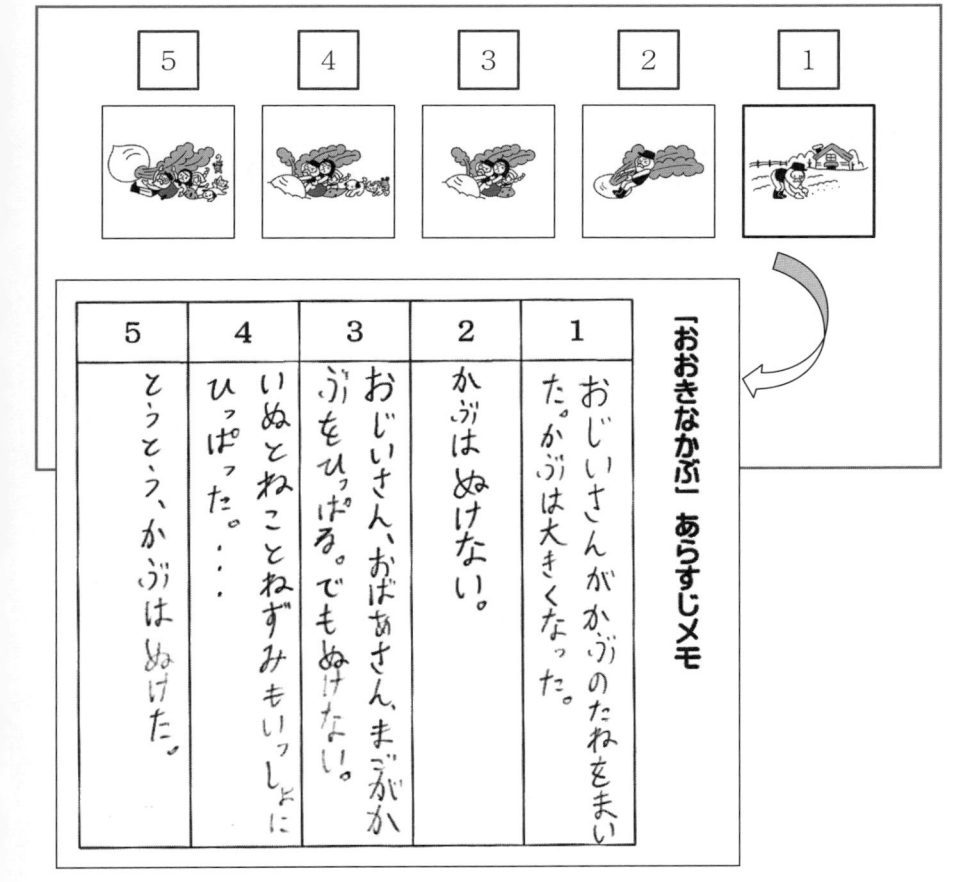

あらすじメモ記入例

友達と協力して，あらすじメモが書けたよ。

挿絵を見ながらだから，楽しくできたね。

活動③　メモをつなげて，あらすじを言う

 メモが完成したら，つなげて話してみよう。
話がつながるかな。

 ステップアップ★チャレンジ

　絵本の挿絵や紙芝居を使って活動することも可能です。簡単なものから始め，徐々に長い話に挑戦していきましょう。あらすじメモができていれば，つなげて「あらすじ」にすることは，それほど難しくありません。あらすじをまとめる力がついていれば，様々な学習に発展させることができるでしょう。

つけ加えて
分かりやすいメモにしよう

学習場面	朝の会	隙間時間	終わりの会	国語など	家庭学習
	✓	✓	✓	✓	✓

■ メモの取り方を見直そう

　忘れないために記録するためのメモや考えをまとめるためのメモの取り方を知っておくと大変便利です。ここでは，いつも書いている連絡帳を見やすくするための工夫を出し合います。

そのまま使える！活動の流れ

①普段通り，連絡帳を書く。
②見やすいメモの工夫を出し合う。
③連絡帳に書き足して，見やすくする。

■ 連絡帳を自分流にしよう

　毎日のように書いている連絡帳を見直します。自分に関係があることを強調すれば，必要な情報に注目させることができます。みんな同じ連絡帳ではなく，自分流の連絡帳に書き直すことで，情報が自分のものとなり，忘れ物を減らせるかもしれません。

ふだん書いている連絡帳の例

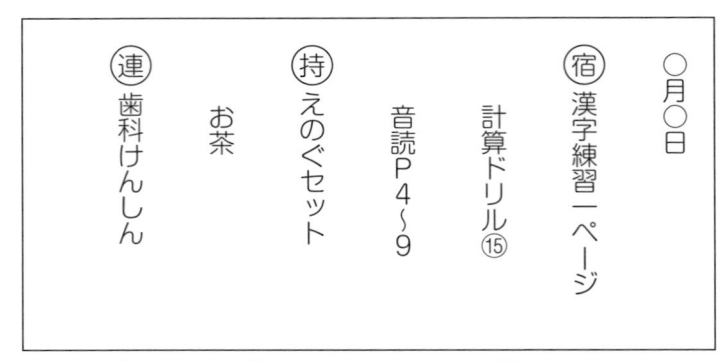

〇月〇日

㋢ 漢字練習一ページ
計算ドリル⑮
音読P4〜9

㋕ えのぐセット
お茶

㋮ 歯科けんしん

㋢ 宿題　　㋕ 持ってくるもの　　㋮ 連絡事項

 見やすい連絡帳（メモ）にするために，どんなアイデアがありますか。

 大事なところに線を引いたらどうかな。

 吹き出しで付け加えることもできるよ。家で見るときに目立つと思うよ。

 赤や青のペンを使うと分かりやすいね。

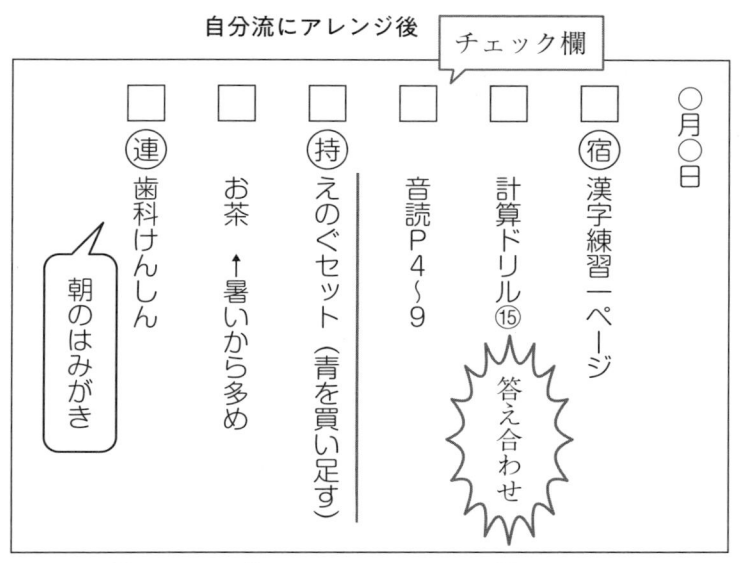

　自分が忘れそうなもの，気をつけておくことに線を引いたり，吹き出しを使ったり，矢印などの記号を使ったりしながら，書き直します。自分流にアレンジ後の連絡帳は，定期的に見せ合い交流するとよいでしょう。新しいアイデアが生まれ，さらに主体的に記入する意欲へとつながるでしょう。

ステップアップ★チャレンジ

　連絡帳を見返したときのチェックや，今日のひと言感想を付け加えるなど家庭でできるアレンジの仕方もあることを伝え，子ども達の創造力をどんどん伸ばしていきましょう。連絡帳は，受け身で書くより主体的にメモするということを意識させると，学習に対する意欲も期待できるかもしれません。

話の中心を聞き分け，メモに取ろう

学習場面	朝の会	隙間時間	終わりの会	国語など	家庭学習
	✓	✓	✓	✓	

話の中心を捉えさせよう

　まとまりのある話を聞き，話の中心を捉えることは大切な力です。授業だけでなく，話し手がどんなことを伝えようとしているのかを把握する練習を日常的に行うことで継続的に力をつけることができます。ここでは，全校朝会，始業式，終業式などで校長先生が話す内容を聞き，その後，教室で聞き取った話の中心を短い言葉でメモする活動を紹介します。

そのまま使える！活動の流れ

　①校長先生の話を聞く。
　②教室で，校長先生が一番伝えたかったことをメモする。
　③答え合わせをする。

校長先生の話を聞こう

　担任は，話の中心を捉えさせるために，校長先生に事前に話の要旨を確認しておきます。そのうえで③の答え合わせをしましょう。子どもによって，表記に違いがあるので正解を複数準備し，校長先生と答えのすり合わせをしておきましょう。また，校長先生の都合が合えば，教室にゲストとして来ていただき，一緒に活動してもよいでしょう。

校長先生，トイレのスリッパのことを話されていたな。ぼくたちに，何を一番，伝えたかったのかな。

メモの記入例

○月○日

　★校長先生の話

　★話題

　　トイレのスリッパをそろえよう

　★伝えたかったこと

　　みんなでつかうものを，だいじにしてほしい

「みんなで使うものを大事に」は言いましたが，一番伝えたかったのは，「次に使う友達のために思いやりのある行動をしてほしい」です。「思いやり」「次に使う友達」などがキーワードで，聞き取れていたら◎だよ。

ステップアップ★チャレンジ

　慣れてきたら，友達のスピーチを聞いて伝えたかったことをメモする活動にすることもできます。子どもが話し手となる場合，「何を伝えたいのか」を事前に教師が確認して，話の中心を意識させたスピーチにすれば，聞き取りやすく楽しい活動にすることができるでしょう。

感想や疑問，ひらめきを つぶやきメモとして残そう

学習場面	朝の会	隙間時間	終わりの会	国語など	家庭学習
				✓	✓

学習の足跡を残そう

　授業中の素直な感想や思いをメモに残しておくことは，貴重な学習の足跡となります。しかし，そのときの新鮮な感情は，時間が経つと忘れてしまいがちです。「つぶやき」をノートにメモとして残す習慣をつければ，自身の考えの変化や成長を見返したり実感したりすることができるでしょう。

そのまま使える！活動の流れ

①ノートに「つぶやきコーナー」をつくる。
②授業の途中や終わりにそのときの気持ちや考えたことを「つぶやきメモ」として残す。
③書く時間がないときは，家庭学習などにおいて書き込む。

授業に活かそう

　ノートにあらかじめ「つぶやきコーナー」をつくり，共通理解しておくことで，授業中に書く時間がなくても，空いた時間に書き込むことができます。また，クラスで共有したい「つぶやきメモ」は，本人に了解を得て授業で紹介しましょう。友達の意見などを知る機会になり，思考の幅を広げたり，苦手な子も書けるようになったりといったことが期待できます。

授業中に思ったことを，忘れないように
メモしておこう。

「つぶやきメモ」記入例

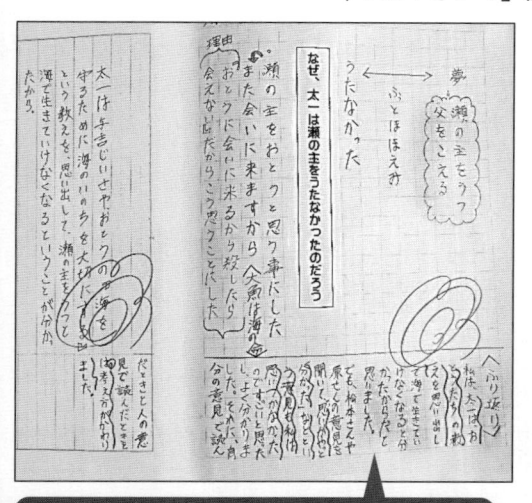

友達の意見のよさについて記入している

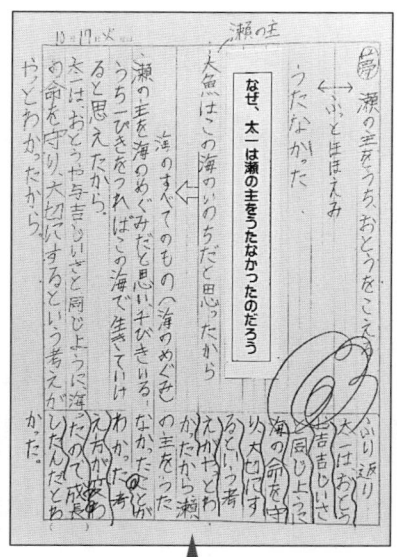

自分の理解の過程を記入している

 ## ステップアップ★チャレンジ

　「つぶやきメモ」を授業の振り返り活動として活用することもできます。今日の学習で「分かったこと」「疑問に思ったこと」「もっと考えたい（調べたい）こと」などと書く視点を提示することで，「つぶやきメモ」を豊かな振り返りにすることができます。

16

低　中　高

知りたいことをインタビューし，メモしよう

学習場面	朝の会	隙間時間	終わりの会	国語など	家庭学習
		✓		✓	✓

▌メモを活かしてインタビュー

　中学年になると活動範囲の広がりや学習内容の深まりにより，インタビューする場面が増えます。インタビューは，相手への質問を考えるところから始まります。相手の言葉を正確に聞き取り記録するためには，メモの存在が欠かせません。ここでは，教科書 pp.148-149の「インタビュー」（光村３年上）のページを参考に，メモを活かしたインタビューについて提案します。

そのまま使える！活動の流れ

①インタビューの相手を選定する。
②知りたいことを「質問」としてメモする。
③インタビューを依頼する。
④インタビューをしてメモに書き込む。

▌「質問」を考えよう

　調べたいこと，尋ねたいことを「質問」としていくつか考えておきます。慣れるまでは，友達を相手に練習して，相手が答えやすい質問になっているか，質問の順番はよいかなどを確かめ合いましょう。考えた質問は，相手の話を要約して書くスペースを空けてメモしておくと便利です。

いつもおいしい給食を作ってくださっている調理員さんにインタビューしたいな。

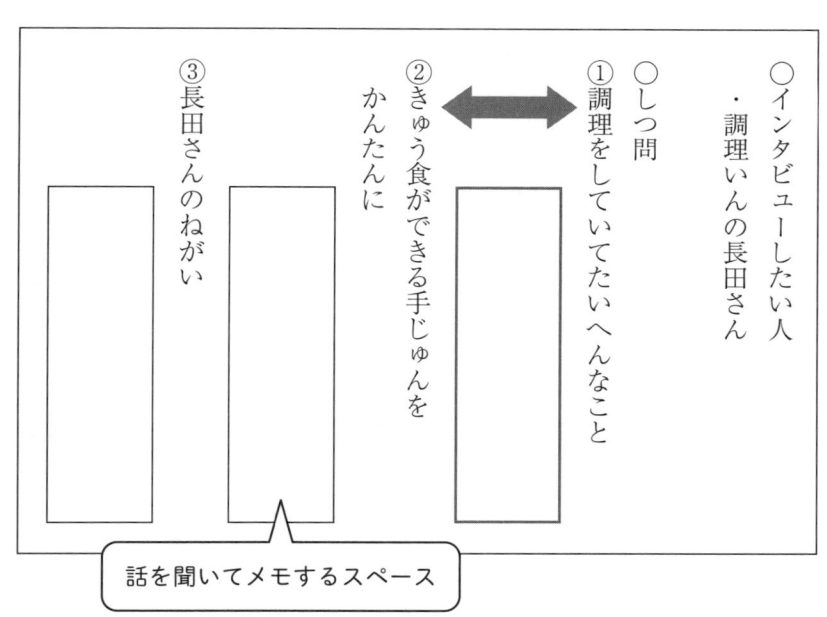

○インタビューしたい人
　・調理いんの長田さん

○しつ問
　① 調理をしていてたいへんなこと

　⟷

　② きゅう食ができる手じゅんを
　　かんたんに

　③ 長田さんのねがい

話を聞いてメモするスペース

質問①と質問②は逆にする方が答えやすそうだね。調理の手順を話すうちに，大変なことも思い出しそうだね。

ステップアップ★チャレンジ

　インタビューを依頼するときは，相手の都合に合わせた日時を決めることと合わせて，相手にインタビューしたい内容を大まかに知らせておくとよいでしょう。インタビューの対象者が，答えることを整理する時間ができるからです。また，インタビューの日時に合わせて，さらに詳しく調べてくださる可能性も期待できます。

17

低 中 高

話を聞いて，
要約しながらメモに取ろう

学習場面	朝の会	隙間時間	終わりの会	国語など	家庭学習
	✓	✓	✓	✓	

集中して聞き，要約しよう

　話の内容を的確に捉えることは，高学年でつけたい聞く力です。まとまりのある話を聞き，メモに要約する経験を積んで無理なく力をつけましょう。なじみのある昔話「桃太郎」を要約することから始めましょう。

そのまま使える！活動の流れ

①教師が話す「桃太郎」を聞く。
②「桃太郎」を1分以内で要約して，ペアで聞き合う。
③「桃太郎」を4文にまとめ，メモする。
④4文で書いたメモを読み合い，メモの修正をする。

スモールステップで力をつけよう

　教師による「昔話」→1分で聞き合う→4文に要約，という段階を踏みます。徐々に短くしていくことで，スモールステップで要約する体験をすることができます。④の読み合う活動では，話がつながるかどうか確かめ合いましょう。4文にまとめるのは，「起承転結」それぞれ1文ずつにまとめることを意識しているからです。高学年では，この後，「1文でまとめよう」と指示し，「桃太郎」を1文で要約する活動に挑戦してもよいでしょう。

「桃太郎」「桃」「鬼」は，メモしないと話がつながらないな……。

メモの記入例

| 要約メモ | ●月◎日　　名前（　　　　　　　　） |

★ももたろう
★4文でまとめよう

起　むかしむかし，ももから生まれたももたろうは，おじいさんとおばあさんに育てられ，~~ももたろうは，~~ すくすく育ちました。

承　おにが島におにたいじに行くことにしたももたろうは，きびだんごをあげて犬，サル，きじをおともにしました。

転　……

結　……

「起」では主語が2つになっているから，2回目の「ももたろう」は省こう。

ステップアップ★チャレンジ

　あまり知られていない昔話や教師の話を題材として要約メモにチャレンジしても面白そうです。要約したメモは書きとめておくと，初めの頃と比べることができ，自分の成長を自覚できるでしょう。

18

５Ｗ１Ｈを聞き分け，メモに取ろうⅡ

学習場面	朝の会	隙間時間	終わりの会	国語など	家庭学習
	✓	✓	✓	✓	

ポイントを押さえた聞き方をしよう

　ニュース番組や新聞記事は，５Ｗ１Ｈを基本として構成してあります。いつ，どこで，だれが，何を，どのように，どうした，といった観点でまとまりのある話を聞き取り，メモする練習を日常的に行うことで，ポイントを押さえた話の聞き方が可能になるでしょう。

そのまま使える！活動の流れ

①５Ｗ１Ｈ（いつ・どこで・だれが・何を・どのように・どうした）を含む先生の話を聞く。
②５Ｗ１Ｈを聞き分け，それぞれメモする。
③メモを見合い，答え合わせをする。

メモを振り返ろう

　教師が話をするときは，子どもの実態に応じて，繰り返したり，情報が多い文はゆっくり読んだりして工夫しましょう。書いたメモは，答え合わせをしたりメモを見合ったりして，子ども達自身が自分の聞き方やメモの取り方を振り返る機会にしましょう。また，聞き逃したことや分からないことは，質問する習慣をつけましょう。

きょうは，すてきなニュースがあります。
なんと，前川先生の飼っているネコのミーコが赤ちゃんを産みました。昨日の夜8時頃，前川先生の家のガレージで生まれたそうです。赤ちゃんはすぐに生まれたそうです。白2匹，黒1匹です。白の2匹はメスで黒1匹はオスです。名前を募集していると前川先生がおっしゃっていましたよ。

メモの記入例

5月25日（月）
○ネコの赤ちゃん
　・昨日よる
　・前川先生のいえ，ガレージ
　・ネコのミーコ
　・赤ちゃんうむ
　・赤ちゃん　白2，黒2？
　　　　　　めす　おす
　・名前ぼしゅう中！

赤ちゃんの数を
聞き逃したな。
質問しよう。

 ステップアップ★チャレンジ

　慣れてきたら，情報が抜けている話をしたり，5W1H以外の情報を加えた話をしたりして，難易度を上げることができます。
　また，実際のテレビニュースの内容を録画して取り組ませても，意欲が高まります。

19

相手の反応を見ながら
インタビューし，メモしよう

学習場面	朝の会	隙間時間	終わりの会	国語など	家庭学習
		✓		✓	✓

▌相手の反応を見て，答えやすい質問をしよう

　高学年になると，どうすれば相手からたくさんの情報を得ることができるかを考えながら，インタビューする力を伸ばしましょう。また，インタビューの対象者の反応を見ながら質問をすることは，気持ちよくインタビューを終えるために大切なことです。相手が答えにくそうにしていたら，質問の内容を変えたり，例を出して言い直したりすることも必要になります。ここでは，メモを活かしたインタビューについて提案します。また，「きいて，きいて，きいてみよう」（光村5年）と合わせて取り組むと効果的です。

そのまま使える！活動の流れ

①インタビューの相手を選定する。
②相手に合わせた質問を考える。
③インタビューを依頼する。
④相手の反応を見ながらインタビューする。
⑤インタビューと並行してメモを取る。

保健室の春山先生は，いつも優しく傷の手当てをしてくれます。わたしも春山先生のような保健室の先生になりたいので，インタビューしてきました。

○インタビューしたい人
・保健室の春山先生

○質問
① 保健室の先生の仕事で大変なこと
・けがの子、病気の子、たくさんいる
とき → ゆうせんじゅんい

② 将来、どんな勉強をしたらよいか
・けがや病気のこと
・心のしくみ → 心の病気もある

③ 春山先生のねがい
・竹山小学校のみんなが心も体も健康になってほしい

④ 5年生のみんなにメッセージ
・けがをした一年生のおせわ、委員会のがんばり → 感心している

②の質問に合わせて，今，頑張っておくべきことも聞きたかったな。後日，追加で聞いてみよう。

✊ ステップアップ★チャレンジ

　インタビューなどで，話を聞きながらメモすることは大変ですが，高学年でできるようになっていれば，将来的にも大変役に立つ力です。簡単に書けて後から見返して分かるメモのコツを確かめ合うことや何度も経験して慣れていくことが大切です。

20

取材したメモを再構成し，スピーチメモをつくろう

学習場面	朝の会	隙間時間	終わりの会	国語など	家庭学習
			✓	✓	

ニュースキャスター風にスピーチをしよう

　当番を決め，スピーチをしている学級は多いでしょう。しかし，日頃の出来事を話すだけでは，回を重ねると飽きてしまいます。事実に自分の考えや感想を付け加えて，ニュースキャスター風にスピーチをしてみましょう。マイクなどを用意して，キャスターになりきるのも楽しいかもしれません。

そのまま使える！活動の流れ

①学校や学級での出来事や情報を集め，ニュースにする話題を見つける。
②ニュースにする話題について取材し，事実に基づいてメモする。
③②のメモから伝えたいことの中心を選んだり，自分の考えや感想を加えたりしてメモを再構成する。
④メモを見ながら「今日のニュース」を発表する。

スピーチ用のメモに書き変える

　取材した事実を箇条書きでメモした後，流れの③のように，スピーチ用のメモに再構成します。時間を要する活動ですが，事実と考えを明確にする大切な学習です。整理されたメモは自分でも読みやすく，聞き手にも分かりやすくなります。

みんなが知らない話題を見つけたよ。ニュースにして発表しよう。

取材メモの例

○話題：学校で飼育しているカメ吉について

○取材より：発見した飼育委員の浅田さんからの情報

　・長年，オスだと思われていたカメ吉が卵を産んだ

　・昨日，カメ吉の水そうで3個，発見された

　~~→カメ吉は，5年前に学校に迷い込んできてから，飼育されている~~

　~~→カメ吉はいつも元気。水そうで泳いでいる~~

　~~→卵からは子ガメは生まれないだろうと長田先生が言っていた~~

メモの再構成

スピーチ用のメモの例

○**出来事・事実**

　・オスだと思われていたカメ吉が卵を産んだ

　・昨日，卵を3個産んでいるのが飼育委員の浅田さんに発見される

　・みんな，オスだと思っていたから「カメ吉」という名前

○**考え・感想**

　・思いこみはこわい

　・新しい名前を募集するべき

ステップアップ★チャレンジ

　1人でスピーチをするのが難しいようであれば，ペアで役割を分担して，メモを作りスピーチしてもよいでしょう。また，慣れてきたら，自分の考えや感想を言うときは，メモから目を離し，聞き手の反応を見ながらスピーチすることに挑戦することもできます。

21

調べたことを
白地図にメモしよう

学習場面	朝の会	隙間時間	終わりの会	国語など	家庭学習
				✓	✓

調べたことを地図にメモしよう

　日本地図や県地図に調べたことをメモしていきましょう。位置や場所を確認して，調べた事柄を書き込んでいきます。地図に書き込んでいくことで，抜けているところや次に調べたいことが浮かんできます。

そのまま使える！活動の流れ

①調べたい内容と範囲を決める。
②インターネットや本，インタビューなどで得た情報を白地図に書き込む。
③調べた感想や分かったことをメモする。

方言を調べよう

　次ページは，教科書 pp.132-133「方言と共通語」（光村 5 年）を学習する際の例を挙げています。地図に表すことで，地方による言い方の違いを理解しやすくなるでしょう。

　また，日本地図だけでなく様々な範囲の地図を準備し，興味を持ったことをすぐにメモできるようにしておきましょう。自分が調べて分かったことも文章でメモしておくと，さらに考えが深まるでしょう。

「ありがとう」は地方によって，様々な言い方があるみたいだね。九州地方や東北地方も調べていろいろな「ありがとう」の言い方を調べたい。

「ありがとう」の方言調べ

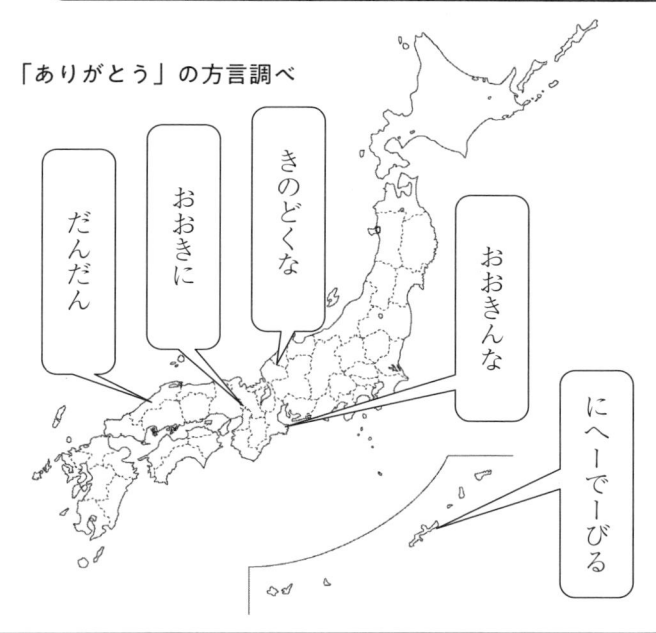

「ありがとう」は地域によって言い方が全く違った。知らない言い方がほとんどだった。どうしてこんなに違いが生まれたのかな。もっと調べてみたい。

ステップアップ★チャレンジ

　地域によって違いがある「あいさつ」「料理」「遊びの名前」などを調べ，ある程度たまったら，ミニ報告会をするとよいでしょう。友達の発表や考察などを聞くことで，新しいことに興味をもち，主体的に学習を進めようとする態度を育てることにもつながるでしょう。

22

創作メモをつないで昔話をつくろう

学習場面	朝の会	隙間時間	終わりの会	国語など	家庭学習
	✓	✓	✓	✓	

メモで昔話をつなごう

　「むかし，むかし……」で始まり，「めでたし，めでたし」で終わる昔話は，子ども達になじみ深く，子ども達は様々な昔話を知っているでしょう。ここでは，昔話を創作することにチャレンジします。リレーのように1文ずつメモしていきながら，協力して昔話を完成させます。メンバーが書いたメモを読みながら，話の流れを考えさせましょう。

そのまま使える！活動の流れ

①1番目の児童は「むかし，むかし…」から始まる文を考える。
②話の流れを考えて，1人1文ずつメモして話を進める。
③最後は「…めでたし，めでたし」で終わるようにする。
④他のグループと「お話メモ」を読み合い，できた話を楽しむ。

有名な昔話のアレンジ

　昔話を一から創作していくことは，グループによっては難しいかもしれません。思うように話が進まないグループには，知っている昔話を少しアレンジして，お話づくりをすることをアドバイスしましょう。登場人物を増やしたり，少しストーリーを変えたりするだけで楽しく活動することができます。

１班のメンバーの共通点は，お寿司が好きだってことだね。お寿司をテーマにした昔話にするのはどうかな。

面白そう！主人公がお寿司好きで，最高のお寿司を作る話にしよう。

１班のメモの記入例

> お話メモ　１ぱん
>
> 山本…むかしむかしあるところに、おすしが大好きな大男がいました。
>
> 佐藤…大男は、自分でおすしを作ろうと考えました。　←
>
> 谷本…一番好きなネタはサーモンだったので、サーモンを釣りに行きました。　←
>
> 稲田…でも、大男はサーモンの釣れるところを知りません。　←
>
> ……………
>
> ○○…めでたし、めでたし。

 # ステップアップ★チャレンジ

　教科書 pp.18-19「つないで，つないで，一つのお話」（光村６年）は「話すこと」で話をつなぎますが，この活動はメモを活用しています。慣れてきたら，制限時間を設けたり，クラス全員で長編の昔話を作ったりすることもできます。大作が完成したら，卒業アルバムの思い出のページとすることで，成果を残すこともできるでしょう。

23

テーマに合うメモを選び，
俳句・川柳をつくろう

学習場面	朝の会	隙間時間	終わりの会	国語など	家庭学習
	✓	✓	✓	✓	✓

▍言葉を集めよう

　日本では，昔から感動を五・七・五で表してきました。俳句や川柳のつくり方は様々ですが，ここでは，付箋を使い，テーマに合う言葉を集めることから始めます。自分の気持ちを五・七・五で表すことができれば，様々な場面で活用できそうです。

そのまま使える！活動の流れ

①俳句に表したいテーマを選び，具体化する。
②具体化したテーマに合う言葉を複数挙げる。
③言葉を選んだり補ったり並べ替えたりして，俳句を整えていく。

▍付箋メモを活用しよう

　思いつくままに言葉を挙げるとき，付箋は気軽に使え，役立ちます。辞書や歳時記も活用して，語彙を増やしましょう。付箋は，何度も貼り替えることが可能で，言葉を並べ替える学習に向いています。言葉と向き合い，よりよい言葉を粘り強く探したり選んだりする力につながります。

付箋を貼ったワークシート例

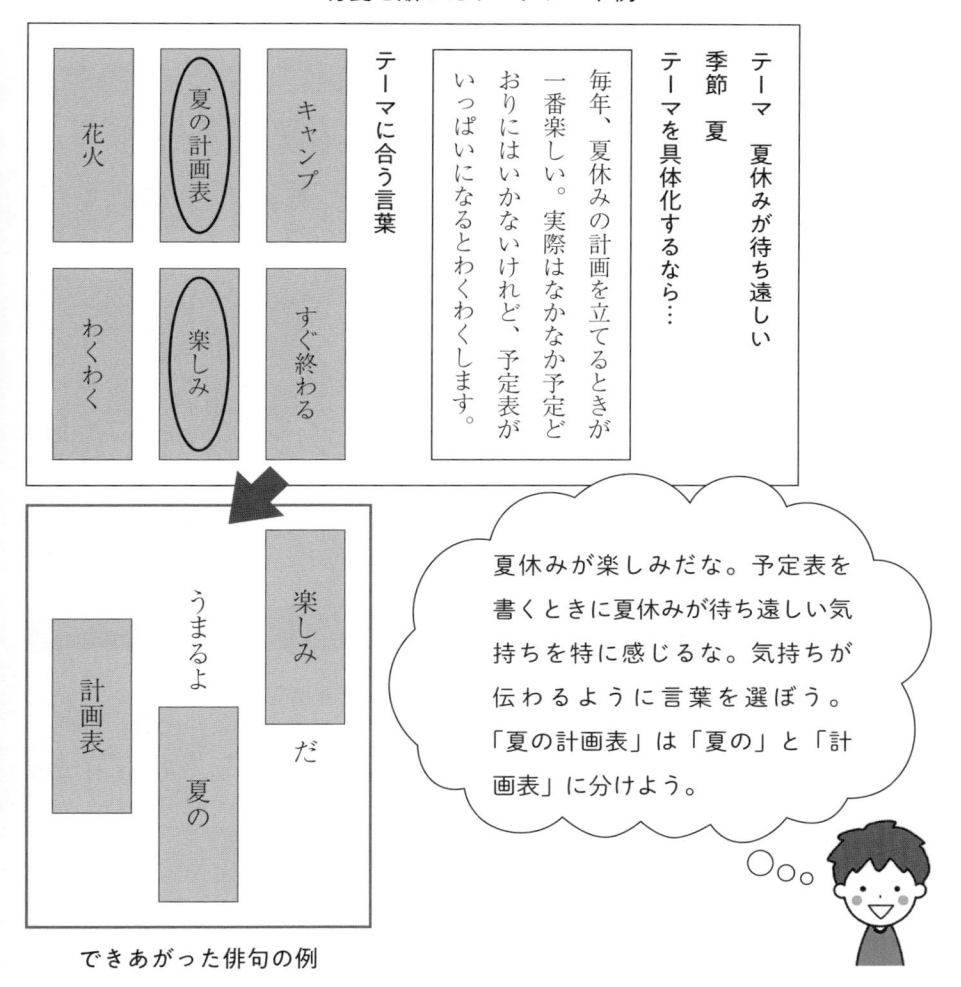

テーマ　夏休みが待ち遠しい

季節　夏

テーマを具体化するなら…

毎年、夏休みの計画を立てるときが一番楽しい。実際はなかなか予定どおりにはいかないけれど、予定表がいっぱいになるとわくわくします。

テーマに合う言葉

キャンプ

すぐ終わる

夏の計画表

楽しみ

花火

わくわく

夏休みが楽しみだな。予定表を書くときに夏休みが待ち遠しい気持ちを特に感じるな。気持ちが伝わるように言葉を選ぼう。「夏の計画表」は「夏の」と「計画表」に分けよう。

楽しみ

だ

うまるよ

夏の

計画表

できあがった俳句の例

 ## ステップアップ★チャレンジ

　付箋メモは，貼り替えることができるだけでなく，切れば，分割して利用することもできます。何度も書き換えをする俳句の校正には，付箋メモの良さを最大限活用しましょう。

24

メモを使って構成し，感謝を伝えよう

学習場面	朝の会	隙間時間	終わりの会	国語など	家庭学習
			✓	✓	

短い言葉の中に思いを伝えよう

校外学習でお世話になった方や転任される先生方など，感謝の気持ちを伝える機会は多いと思います。寄せ書きやメッセージカードでは，書く範囲が限られています。限られたスペースで気持ちを伝えるために，構成を考えてメモしながら，相手の心に残るメッセージを書きましょう。

そのまま使える！活動の流れ

①メッセージを書く相手についての思い出を出し合う。
②メッセージを書く相手との具体的なエピソードをメモする。
③メッセージを書く相手に伝えたいことをメモする。
④メモをもとにメッセージを清書する。

具体的なエピソードを入れよう

メッセージをもらう側は，具体的なエピソードの記述によって，そのときの様子が思い出されたり，書き手の思いを知ったりすることができます。また，個別のエピソードを書いたり読んだりすること自体が，さらに互いの関係性を深めることにつながります。一般的なお礼や感謝を書くだけではなく，オリジナリティあふれるメッセージで思いを伝えましょう。

 登校のとき見守ってくれる橋本さんとのエピソードを思い出してメモしよう。

メッセージのメモ例

○**メッセージをおくる人**
・登校のときに見守ってくれている地域の橋本さん
○**エピソード**
・明るい声で「おはよう」と言ってくれる
　→しんどいときも少し元気になった
・行事の日には，「がんばれよー」と声をかけてくれた
・遊びながら登校していたときは，しかってくれた
　→ぼくたちの安全をしんぱいしてくれている
○**伝えたいこと**
・お体に気をつけて，今後も見守ってください

メッセージの清書例

橋本さんへ
　暑い日も寒い日も，登校のとき，見守ってくださいました。
　ぼくたちが，ふざけて遊びながら登校したときは，注意してくださいましたね。橋本さんの言葉で「班長として，もっとしっかりしなくちゃ」と思いました。 ◀ エピソード
　ぼくは，卒業しますが，お体に気をつけてこれからも登校を見守ってください。6年間，ありがとうございました。 ◀ 伝えたいこと
　　　　　　　　　　　　　6年　　○○○○　　より

 ## ステップアップ★チャレンジ

　メッセージカードや寄せ書きなどは，相手に贈るものなので，誤字脱字には特に気を配らなくてはなりません。友達同士でチェックし合ったり，辞書で確認したりする活動を入れ，文章を校正することを習慣づけていきましょう。

25

低	中	高

マイ・メモ帳をつくろう

学習場面	朝の会	隙間時間	終わりの会	国語など	家庭学習
	✓	✓	✓	✓	✓

┃ 主体的にメモを取ろう

　高学年になると，様々な場面でメモを取った経験があり，メモを取る力がついてきています。また，自分なりに工夫してメモを取りたいという意欲も高まってきています。ここでは，主体的にメモを取ろうとする態度を伸ばし，大人になってもメモを取る機会に備えるアイデアを紹介します。

そのまま使える！活動の流れ

①好みのノートを用意し，マイ・メモ帳とする（おすすめは，Ａ５判のシンプルなノート）。
②日付とカテゴリー分け（記録メモ，伝達メモ，感想メモ，アイデアメモなど）をして記入することをルールとすることを確認する。
③定期的にマイ・メモ帳活用の工夫を交流し，自分のメモ帳づくりに活かす。

┃ ルールを緩やかに設定しよう

　基本的なルールを決めて，自主的に子ども達がメモしようとする意欲を高めましょう。ルールが厳しすぎると長続きしません。また，③のような交流をすることで，新たなメモのアイデアを増やしていきましょう。

アイデアメモの記入例

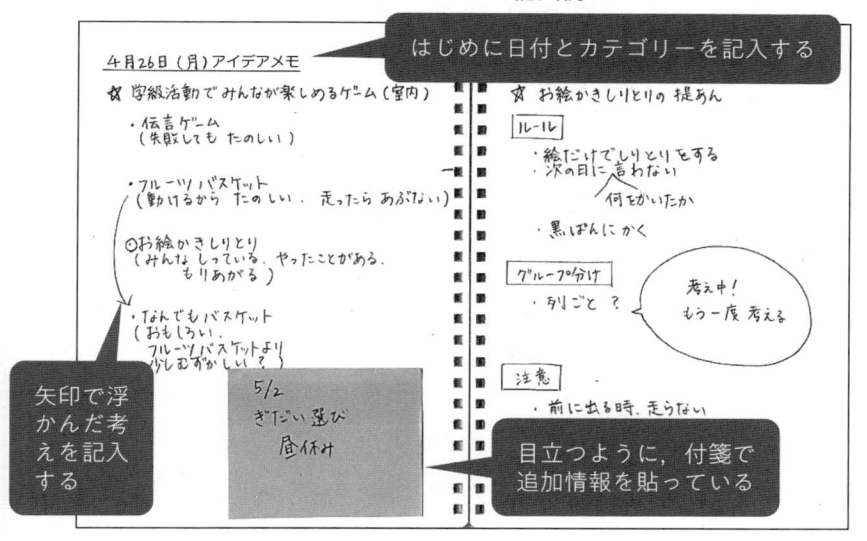

伝達メモの記入例　　　　　感想メモの記入例

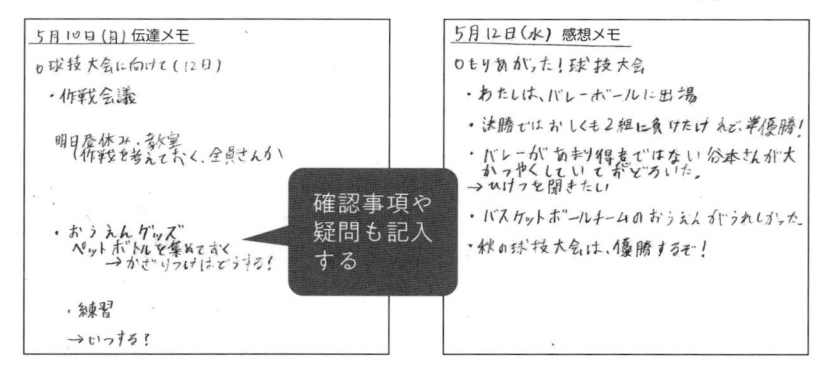

 ステップアップ★チャレンジ

「マイ・メモ帳」のカテゴリーは，「記録メモ」「伝達メモ」「感想メモ」「アイデアメモ」などが考えられます。子ども達から新しいカテゴリーが出てきたら，話し合って付け加えるなど柔軟に対応して，主体的にメモを取ることにつなげましょう。

COLUMN
メモって，どんなふうに取っているの？

6年生の子ども達に，メモに関するアンケートを取りました。（108名対象）

メモを取るときに気をつけていることは？

・読み返しても分かるように　　・素早く書きとめる　　・相手の目を見て

・大事な言葉を聞き逃さないように　　・大事なところは強調して大きく

・分かりやすく，簡潔に　　・箇条書きで　　・内容ごとに区切る

・内容をあらかじめ予想して　　・後で見て，自分が理解できるように

・聞き逃したら，相手にもう一度尋ねる

メモを取るときに苦手だと感じることは？

・何を書いたらいいか分からない　　・話す量が多いと分かりにくい

・聞き逃して間違った情報をメモしてしまう

・メモしている間に話が進んでしまう

・話のスピードについていけない

・どのような場面でメモを取ったらよいか分からない

・スマホやタブレットならできるけど紙に鉛筆で書くのは……

　アンケートより，国語科の学習や校外学習のインタビューなどの経験から，「大事な言葉を聞き逃さないように」「分かりやすく，簡潔に」など，メモの仕方や書き方を漠然と理解している子どもが多いと感じられます。また，「何を書いたらいいか分からない」「聞き逃して間違った情報をメモしてしまう」など，どのようにメモを取ったらよいか悩んでいる子どもも多いと思われます。メモを取る際に，書きとめる速記力や箇条書き，記号の使用などの書き方はもちろん必要です。加えて，情報を理解する力，大事な情報を聞き分ける力などの「聞き取る力」が必要不可欠であり，これらのことが苦手意識に拍車をかけているのではないかと考えられます。

　メモを取る力をつけるためには，目的意識をはっきりさせることが先決です。それと並行して，日常的にも授業中でもメモを取るということについて学ぶ時間があるとよいでしょう。子ども自身が感銘を受けたり学んだりして，そのことを誰かに伝えたいという気持ちになり，自らメモを取りたいと思わせる仕掛けも大切です。

第 2 章

系統的に育てる！メモ技

教科書教材編

1年　「どんな　おはなしが　できるかな」光村図書

動物になりきって話したことを メモに取り，物語をつくろう

つけたい力　動物になったつもりで友達と話をつなげ，話したことをメモに取り，話した内容をもとに，物語を考えて書くことができる。

　本単元は，挿絵の動物になりきって友達と話をつないでいくなかで，話の展開を考えながら物語をつくり，文章に書くことをねらいとしています。その際，動物になりきって会話した内容を吹き出しのメモに取ることで，会話文と地の文の区別ができ，物語が考えやすくなります。書いた物語を読み合うことを通して，物語についての感想を伝えたり，物語の内容や表現のよいところを見つけたりすることで，文章を書く意欲にもつながります。

> **Scene1**　動物になりきって話したことをメモしよう！
> **Scene2**　メモから文章に書こう！

単元計画（全6時間）

1次（1h）	2次（3h）	3次（2h）
・教科書を読み，学習の見通しをもつ。 ・挿絵を参考に登場人物を決める。	・友達と役割を決め，動物になったつもりで話をする。 ・友達と話したことをメモする。　**Scene1** ・メモをもとに物語を考えて文章を書く。　**Scene2**	・書いた物語を読み合い，感想を伝え合う。 ・学習の振り返りをする。

Scene1　動物になりきって話したことをメモしよう！

そのまま使える！活動の流れ

①ペアで役割を決め，動物になりきって話をする。
②友達と話した内容を思い出しながらメモに取る。 記録メモ
③交代し，同様に話をし，メモに取る。

　お話の登場人物と役割を決め，話を繰り返していきます。まずは自由で自然な会話を重ねることでお話の世界を広げさせ，友達の話を聞いて会話をつなぐことを重視します。ひと通り話が終わったら，思い出しながら吹き出しメモに会話文を書かせます。内容を忘れた場合は，友達と一緒に思い出しながら考えてもよいことを知らせます。

お話の吹き出しメモ例

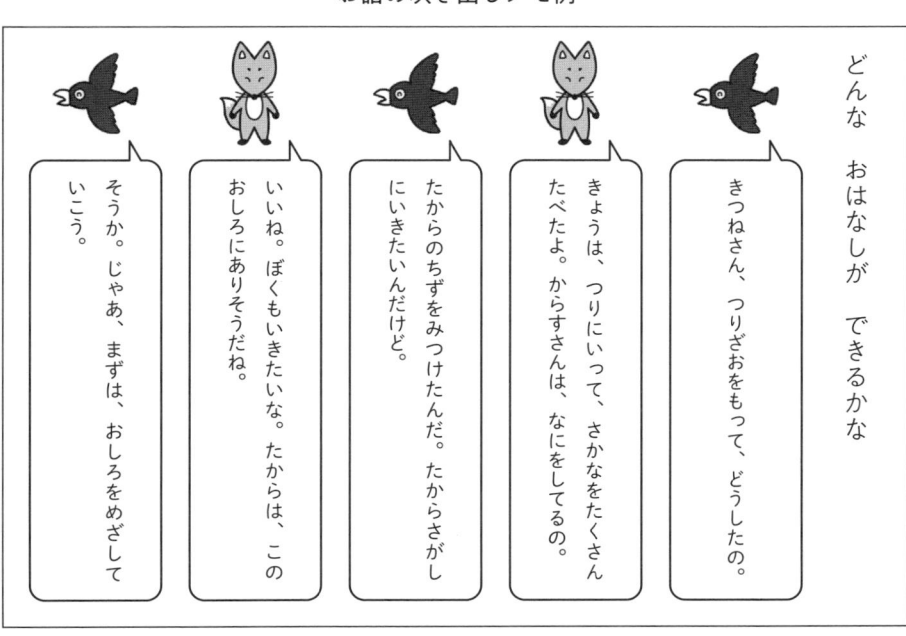

Scene2　メモから文章に書こう！

①メモを見ながら，話の内容が分かるように文章に書く。
②会話文は，かぎ（「　」）を使う，主述をはっきりさせる，結末を最後
　に書く，丁寧な言葉遣いで書くなどを確認させる。

　メモをもとに，物語の展開を考え，文章を書かせます。友達と話した内容
をすべて会話の形にするのではなく，地の文で話の内容を補ってもよいこと
を知らせます。挿絵やメモから想像を広げ，終末をどのようにして締めくく
るのかも考えることを確認します。

メモから文章にした例

からすが、
「きつねさん、つりざおをもって、どうしたの。」
と、いいました。すると、きつねが、
「きょうは、つりにいって、さかなをたくさんたべ
たよ。からすさんは、なにをしてるの。」
と、ききました。
「たからのちずを見つけたんだ。たからをさがしに
いきたいんだけど。」
と、からすは、ちずを見ながら、こたえました。
「いいね。ぼくもいきたいな。たからは、このおし
ろにありそうだね。」
と、きつねが、ちずをさして、こたえました。
「そうか。じゃあ、おしろをめざして、たからを見
つけよう。」
と、いいました。
　きつねとからすは、おしろにいって、たからを見
つけました。たからは、おうさまのかんむりでした。

ぷらすαポイント

★ 動物になりきって話したことをメモしよう！ ［Scene 1］

　子ども達は，これまで絵の動物になりきって話すという経験を積んできています。本単元では，自分一人で話を進めるのではなく，友達の話に耳を傾け，話の内容に応じて会話が続けられるようにすることを重視しています。

　メモに取る際には，ひと通り話が終わって思い出しながら書かせる方が，発達段階としてはスムーズです。できるだけたくさん思い出して書かせるようにしましょう。ただ，思い出した順では会話になっていない場合があります。自分でメモを見返して，きちんとした会話になっているかどうか確認させましょう。

- -

★ メモを見ながら，物語の展開を考えよう！ ［Scene 2］

　子ども達は，会話文をかぎ（「　」）を使って文章に書くことに慣れていません。自分たちが話した内容のどこが会話文であるのか，吹き出しメモに書くことで分かりやすくなります。ただし，メモをすべて使うのではなく，物語の展開に必要な部分だけでよいことを知らせておきましょう。

　会話文の後は，「〜と言いました」という表現が多くなりがちです。「答えました」「たずねました」「聞きました」など，別の言い回しがあることをクラス全体で共有しておくとよいでしょう。

　物語には，その後どうなるのか終末の部分が必要です。様々な絵本で読み聞かせをし，終末がどのようになっているのか参考にするのも一案です。

02

記録　整理（まとめ）　伝達　創造

2年　「ともだちは　どこかな」光村図書

メモの取り方を学び，大事なことを聞き取る力をつけよう

つけたい力　自分が聞きたいことを落とさないよう，大事なことをメモしながら集中して聞くことができる。

　本単元は，大事なことを落とさずに集中して聞き取ることに重点を置いています。人やものなどの特徴を捉え，簡潔な言葉で話す力も必要です。話の中にある今自分が知りたい大事なことは何であるか，何をどのようにメモすればよいか，そういったメモを取る力の基礎を培います。学習後の発展として，聞き取りメモに重点を置き，「はじめてのおつかい」として展開します。

Scene1　「大事なこと」とは何かを考えよう！
Scene2　メモの取り方を学ぼう！
Scene3　メモを取る練習をしよう！
Scene4　「はじめてのおつかい」でメモを取ろう！

単元計画（全5時間）

1次（1h）	2次（3h）	3次（1h）
・学習の見通しをもち，挿絵から人には違う特徴があることを知る。　**Scene1**	・教師が出題したお知らせを聞き，手がかりになることを短い言葉でメモを取る練習をする。　**Scene2** ・2人組で探す人のお知らせを出し合い，メモを取ったり，特徴を話し合ったりする。　**Scene3** ・お母さんの話を聞いて，お母さんが思い出せなかった野菜の特徴をメモする。　**Scene4**	・学習を振り返り，話を聞くときに大事なことやメモの取り方についてまとめる。

Scene1　「大事なこと」とは何かを考えよう！

そのまま使える！活動の流れ

①単元の目標を知り，これまで先生の話やお知らせの放送を聞くときに気をつけていることやその理由を出し合う。

②教科書の挿絵から，人にはそれぞれ違う特徴があり，それを知ることで特定できることを知る。

③消しゴムや鉛筆など児童の身近な持ち物を提示し，その特徴についてメモを取り，話し合う。 記録メモ

　メモを取る活動において最も大事なことは，自分が知りたい，落としてはいけない大事な情報は何であるかということです。話の中にある自分に必要な情報を判断し，大事なことを落とさずメモすることは容易ではありません。いくつかの段階が必要です。慣れるまでは，絵や実物を使って，人やものの特徴を知ることから始めましょう。人やものには，それぞれ違う特徴があり，それを詳しく伝えることで，人や物が特定されることを知らせましょう。

　③を学習することで，ものを詳しく説明する力がつきます。そうすることで，友達にもより伝わるということを実感させましょう。

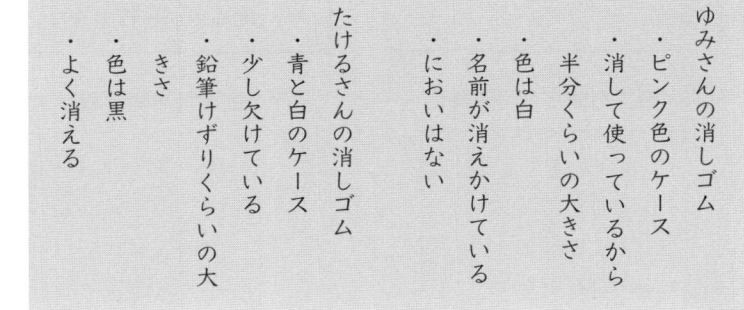

ゆみさんの消しゴム
・ピンク色のケース
・消して使っているから半分くらいの大きさ
・色は白
・名前が消えかけている
・においはない

たけるさんの消しゴム
・青と白のケース
・少し欠けている
・鉛筆けずりくらいの大きさ
・色は黒
・よく消える

板書例

Scene2　メモの取り方を学ぼう！

そのまま使える！活動の流れ

①教師の連絡事項の話を聞く。
②話の中の必要な事柄のみをメモする。 記録メモ
③答え合わせをする。

　この単元の学習の前に，話を聞きながらメモを取るということに慣れさせるため，聞きながら書く練習をさせます。

　教師が，音楽や図工，生活科などの準備物の連絡として話をします。はじめは簡潔でメモに取りやすい話にします。慣れたら，準備物以外の話もつけ加え，話を長くし，必要な事柄をメモする練習をさせます。

図工の連絡事項の話

> 次の図工に必要なものの連絡をします。3つあります。1つ目は，のり。2つ目は，はさみ。3つ目は，色紙です。忘れないようにしましょう。

生活科の連絡事項の話

> 生活科の野菜の観察に必要なものの連絡をします。帽子をかぶって，観察カード，色鉛筆，筆箱を持って行きます。先にトイレに行っておきましょう。水筒は持っていかず，飲んでから行きます。

図工の聞き取りメモ

> 図工のもちもの
> ①のり
> ②はさみ
> ③いろがみ

生活科の聞き取りメモ

> 生かつかのもちもの
> ・ぼうし
> ・かんさつカード
> ・いろえんぴつ
> ・ふでばこ

Scene3　メモを取る練習をしよう！

そのまま使える！活動の流れ

①教科書の挿絵の人物について教師がお知らせをする。

②教師の話を聞き，自由にメモを取らせる。

③メモを取って，思ったことや困ったことを出し合う。

④年齢，性別，服装など話の中の大事なこととは何かを話し合う。

⑤単語や短い言葉などメモの基本的な取り方を学び，もう一度メモを書き直す。 記録メモ

メモを取るには，メモを取る目的や必要性が大切です。たくさん人の中から人を探すという目的で，その人の特徴を忘れないためにメモを取るということを伝えてから始めます。はじめは何も伝えず自由にメモを取らせ，活動③で思ったことや困ったことを出し合う中で，聞きながら書く難しさを実感させます。次に探す人のお知らせ例文が，探すための手がかり（必要な情報）とは何かを考えさせます。お知らせ例文を全員に配り，大事なことに線を引かせます。メモに書く内容が決まったら，活動③で困ったことを解消するためにはどうしたらよいか考えさせ，必要な事柄だけを簡潔に書くことを伝え，教師と一緒に書かせます。

①探す人のお知らせ例文

いっしょにきていた、ともだちのケンさんをさがしています。

ケンさんは、みどりと白のチェックのシャツをきて、赤いぼうしをかぶり、青いふうせんをもっています。

見つけたら、わたしにおしえてください。

⑤探す人の特徴メモ

・みどりと白のチェックのシャツ
・赤いぼうし
・青いふうせん

Scene4 「はじめてのおつかい」でメモを取ろう！

①お母さんが名前を忘れてしまった野菜の特徴を聞き，おつかいに行く という設定でお母さんの話を聞く。

②話を聞いて，前時までの学習を活かし，メモを取る。 記録メモ

③メモを見せ合い，大事なことを落とさずにメモを取る方法を知る。

④メモの内容から野菜の名前を予想し，正解を知る。

前時までの学習を活用します。話は聞き取りのみで行い，③で，話し合う際に話を文字化したものを用意するとよいでしょう。落としてはいけない「大事なこと」とは，野菜に関する特徴です。また，グループでメモを見せ合うことで，それぞれの気づきも生まれることでしょう。複数の児童のよいメモを見せることにより，真似することから学ぶのも発達段階として大切です。

①お母さんの話

シチューに使う野菜がないから買ってきてね。まだ赤ちゃんが寝ているから、お母さんお買い物に行けないの。だから、買ってきてね。でも、その名前をわすれちゃってね。

その野菜は、ブロッコリーに似ていて、黄緑色で、ドッジボールくらいの大きさなの。とがったつのみたいなものがたくさん集まってできているの。お料理に使うときは、一つずつ外すから小さいんだけど、分かるかな。八百屋さんに説明してね。

車に気をつけて、いってらっしゃい。

②聞き取りメモ例

・シチューにつかう
・ブロッコリーににている
・きみどりいろ
・ドッジボールくらいの大きさ
・とがったつのみたいなものがあつまっている

③正解

ただいま。買ってきたよ。ロマネスコっていうんだって。

ぷらすαポイント

★ 特徴について楽しく学ぼう！ ［Scene 1］

　鉛筆，消しゴム，筆箱のようにクラス全員が持っている学習用具を使って，「誰のものでしょう」と特徴を知らせ，宝探しのようにクイズ形式で楽しく学習を進めることができます。また，ランドセルなど形や色が同じようなものほど難易度が高くなります。

- -

★ 素早くメモを取ろう！ ［Scene 3］

　聞きながら情報を取り出し，書きとめるのは大変なことです。メモは忘れないための記録であり，後から見たときに内容が分かることが前提です。メモに書くときは，短い言葉で書く，箇条書きにする，見やすいように余白を空ける，平仮名や読める程度の字で書く，などのことを伝えておきます。探す人のお知らせ例文での大事なことを全体で検討した後に，正しい箇所に線を引いてもよいでしょう。

- -

★ クイズ形式で楽しく学ぼう！ ［Scene 4］

　お母さんが名前を忘れてしまった野菜を買いに行くという設定にすることで，その野菜の特徴をメモする必然性が生まれます。また，お母さんの話には野菜の特徴に直接関係のない情報もあるため，大事なことを考えるのに適しており，クイズ形式で楽しく学ぶことができます。他にも，パプリカ，アボカド，ラ・フランスなどの野菜や果物，マーガレットなどの花でもよいでしょう。

03

2年 「メモを とる とき」光村図書

メモする視点を学び，
たくさんの情報をあつめよう

つけたい力 必要な事柄について，メモを使いながら情報をたくさん集めたり，確かめたりして，伝えたいことを明確にすることができる。

本単元は，必要な事柄の情報をできるだけたくさん集め，短い言葉でメモに取り，伝えることをねらいとしています。メモは自分が忘れないために記録するものでありますが，後から見返したときに記憶を呼び起こすためのものでなければなりません。そのために，簡単なメモの取り方に着目させて，友達と交流しながら，よりよいメモの取り方を学ばせましょう。

> **Scene1** 必要な情報を自分でメモしよう！
> **Scene2** 友達とメモを通して交流しよう！

単元計画（全3時間）

1h	1h	1h
・教科書 pp.82-83を参考に，知らせたいものを伝えるためのメモの書き方や工夫を学ぶ。	・知らせたいものを決め，必要な情報を集めながらメモをする。 **Scene1**	・書いたメモを友達と読み合って，何についてのメモか当て合う。 ・よい書き方や足りない情報など感想を伝え合う。 **Scene2**

Scene1　必要な情報を自分でメモしよう！

そのまま使える！活動の流れ

①学校にあるものの中から家の人に知らせたいものを決める。

②前時の学習（メモの書き方や工夫）を活かして，知らせたいものについて，メモをする。 記録メモ

　前時の学習を思い出させながら，教科書 pp.82-83 の例やメモの書き方の工夫（箇条書きに書く，絵も描いてよい）を参考にさせ，学校にあるものについてメモを書かせます。メモをするときの観点を示して，掲示しておくのもよいでしょう。

メモの観点

- ものの名前
- 色
- 大きさ
- 形
- さわった感じ
- におい
- 音
- はたらき

学校にあるもののメモ例

けん玉

- 大きなさらと小さなさらがついている
- 丸い玉がついている
- 丸い玉はひもでつながっている
- 木でできている
- 休み時間や生活科の時間につかう

黒ばんけし

- かた手でもてるくらいの大きさ
- 四かくい
- やわらかいところとかたいところがある
- けすことができる

Scene2　友達とメモを通して交流しよう！

そのまま使える！活動の流れ

①知らせたいものの名前を隠して，友達とメモを交換する。 伝達メモ
②知らせたいものの名前を当てる。
③メモの良かった点，改善点について感想を伝える。

　メモを見せ合いながら，友達と交流することで，友達の書き方を参考にしたり，新たな観点を見つけたりできます。また，こんなこともメモに書けるといった改善点を見つけることで，同じものでも様々な見方ができることが分かります。

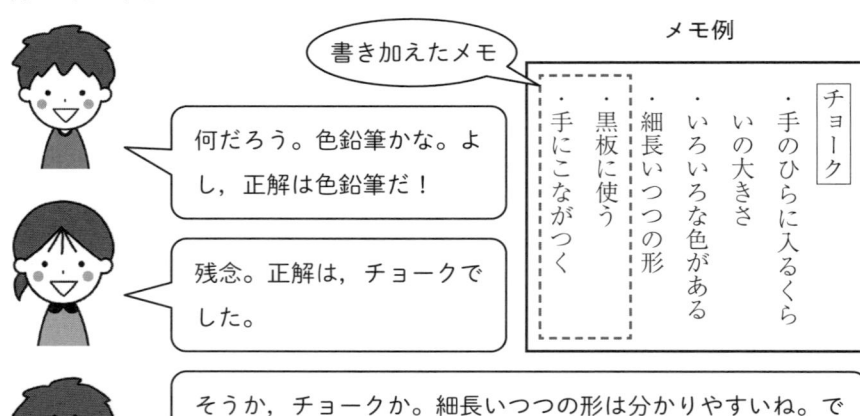

書き加えたメモ

メモ例

チョーク
・手のひらに入るくらいの大きさ
・いろいろな色がある
・細長いつつの形
・黒板に使う
・手にこながつく

何だろう。色鉛筆かな。よし，正解は色鉛筆だ！

残念。正解は，チョークでした。

そうか，チョークか。細長いつつの形は分かりやすいね。でもそれなら，「黒板に使う」や「持つと手にこながつく」も言えるよ。

本当だ。そうだね。それがあった方が分かりやすいね。これだと色鉛筆も同じになっちゃうね。ありがとう。書き加えるよ。

ぷらすαポイント

★ 必要な情報を自分でメモしよう！ ［Scene 1］

学校にある様々なものの特徴を短い言葉で，できるだけたくさん見つけて書けるようにしましょう。学校にしかないものなど，家の人が知らないものを取り上げることで学習意欲が高まります。また，実際には，町探検などで見たものの特徴を簡潔に，素早く書きとめることが多くなります。より実践力につながるように，限られた時間内でものの特徴を捉え，短い言葉で表現できるようにしましょう。

トライアングル
・りょう手くらいの大きさ
・ぎん色
・三かく
・きれいな音がなる
・かたい
・音楽の時間につかう

- -

★ 友達とメモを通して交流しよう！ ［Scene 2］

友達とメモを見せ合う際には，クイズ形式にすることで意欲的に楽しく取り組むことができます。答えになる部分は，付箋などで隠したり，折り曲げたりして交換させましょう。子どもによって見る視点は様々です。答えが思っていたものと違う場合は，情報が足りないことに気づくでしょう。また，同じものについての特徴を書いているのに全然違うものの場合もあります。交流することでいろいろな表現の仕方や見方に気づき，自分の考えが広がることでしょう。

04

2年　「あったらいいな，こんなもの」光村図書

質問し合ったことをメモし，さらにくわしくしよう

つけたい力　自分の考えを説明し，質問されたことをメモに取るなどし，自分の考えに取り入れ，詳しく考えることができる。友達の説明を聞き，相手の考えを引き出す質問をしたり感想を述べたりすることができる。

　本単元は，あったらいいなと思うものについて友達に説明し，質問によって考えを詳しくすることをねらいとしています。ペアの交流での活動で，友達の考えを聞き，分からないことや詳しく知りたいことを質問することで，相手の考えを引き出し，不十分なところを補います。友達からの質問の答えをメモに書きとめ，メモを読み返しながら自分の考えに取り入れることで，考えが詳しくなったり，新しい考えが生まれたりすることを目指します。

Scene1　質問し合って，詳しく考えよう！
Scene2　「あったらいいな」発表会を開こう！

▌単元計画（全7時間）

1次（1h）	2次（4h）	3次（2h）
・教科書の事例を読み，学習の見通しをもつ。	・あったらいいなと思うものを絵と文にまとめる。 ・友達がどんなものを考えているか，詳しく知るための質問の仕方を確かめる。 ・友達と質問し合って，自分の考えを詳しくする。 **Scene1**	・発表会を開き，質問をし合ったり感想を伝え合ったりする。 **Scene2** ・学習の振り返りをする。

Scene1　質問し合って，詳しく考えよう！

そのまま使える！活動の流れ

①ペアで話し手と聞き手に分かれ，質問する。
②話し手は質問の答えを箇条書きでメモに取る。 記録メモ 伝達メモ
③話し手と聞き手を交代し，同様に質問し，メモに取る。

　友達の考えたものの発表を聞き，聞き手が教科書 p.92の質問の項目「あったらいいなと思うわけ」「できること（はたらき）」「形や色，大きさなど（つくり）」をもとに尋ねます。話し手は聞き手から質問された答え（自分の考えにはなかったもの）を，箇条書きで項目ごとに短い文章でメモしてまとめておきます。

ぼくは，今，夏だから，いつでも涼しい服があったらいいなと思いました。ボタンを押すと涼しくなる服です。

どうしてあったらいいなと思ったの。 わけ

部屋でクーラーをつけていても窓を開けると暑いし，学校の行き帰りも暑いからです。

それいいね。私もほしいな。涼しくなることのほかには，どんなことができるの。 できること

冬は，ボタンの切り替えであたたかくすることができるよ。

それに機械だけど水にぬれても壊れないから，汚れたら何回でも洗濯できて使えるんだ。ただ，洗濯してからまた使えるまでは，丸1日かかるよ。

 乾かすのに丸1日かかるんだ。洗濯する日を考えないとね。それはどんな形や色をしているの。 形や色，大きさなど

 夏のクーラーのときは，水色と白のしまもよう。冬の暖房のときはオレンジと白のしまもようだよ。チョッキになっているよ。

 季節で色が変わるっていいね。でも，大きくなったら着られなくなるんじゃないの。

 大丈夫。腕を通せば，体の大きさのサイズになるんだよ。

ペアで交流したときのメモ例

あったらいいなと思うわけ
・クーラーをつけていてもあついから。
・学校の行き帰りにすずしくしたいから。

できること（はたらき）
・ボタンで，冬はあたたかくなる。
・きかいだけど，水にぬれてもこわれない。
・よごれたら何回でもせんたくできる。
・ほしてまた使えるまで，丸一日かかる。

形や色、大きさなど（つくり）
・クーラーは、水色と白のしまもよう。
・だんぼうは、オレンジと白のしまもよう。
・チョッキ。
・うでを通すと、体の大きさのサイズになる。

　ペアで交流したときのメモは，記録メモですが，次の発表会での伝達メモにもなります。

Scene2 「あったらいいな」発表会を開こう！

そのまま使える！活動の流れ

①グループで発表を聞き合う。

②友達の発表を聞いて，分からないことを質問したり，いいなと思った
　ことを伝えたりする。

　ペアで交流し，詳しくなった考えをもとに発表会を開きます。あったらい
いなと思うもののイラストを大型ディスプレイで写し，具体的な道具が伝わ
るように発表させます。発表の仕方については，話型を示してもよいでしょ
う。話し手には一対一のペアでのやりとりとは違い，丁寧な話し方や視線も
意識させます。

児童の発表例

> ぼくが「あったらいいな」と思うものは、いつで
> も涼しい服、「夏、冬、えがおくん」です。考えたわ
> けは、学校の行き帰りが暑く、部屋でクーラーをつ
> けていても換気をしないといけないからです。
> 「夏、冬、えがおくん」を着ると、クーラーや扇風
> 機がついていて涼しくなります。ボタン一つで冬は
> あたたかくなります。これなら外にいても笑顔で過
> ごせます。水にぬれても壊れず、汚れても何回も洗
> 濯して使えます。でも、洗濯してからまた使えるま
> で、一日かかります。
> チョッキで、体のサイズに合わせて大きさが変わ
> るのでいつまでも使えます。
> これで、ぼくの発表を終わります。

「夏，冬，えがおくん」イラスト

> どんなものになるか絵に描いてみよう。暑い夏だけでなく寒い冬でも使えるような便利な服があったらいいな。レバー式になっている方が，ボタンが押しやすそうだから，そうしよう。

どこにいてもボタンを押すと涼しくなるので，外で遊んでいるときもいいと思いました。それは自分だけが涼しいのですか。

いいえ。後ろに中からの風を送る装置と扇風機がついているので，周りの友達も涼しくすることができます。

感想

涼しくなるだけでなく，冬にはあたたかくなるのがいいと思いました。どうしてかというと，これがあれば，1年中どこでも気持ちよく過ごせるからです。

季節で色が変わったり，体の大きさに合わせてチョッキの大きさが変わったりするのが楽しそうでいいと思います。

ぷらすαポイント

★ 自分の考えを膨らませよう！［Scene 1・2］

　前ページのように，「あったらいいなと思うものの絵」「そう思う理由」「できること」を簡単にまとめさせます。絵に描くことで相手もイメージしやすく，説明も伝わりやすくなります。

　2年生という発達段階では，絵で表現できていても文章になっていないことはたくさんあります。友達の話を聞いて，「こんなときはどうするの？」「これは何？」と思うことをたくさん質問させ，相手の考えを引き出させるようにしましょう。その中で考えが明確になったり，新しい考えが生まれたりします。質問に答えながら，自分が答えたことや付け加えたいことを箇条書きで短くメモさせます。あらかじめ質問の3つの項目に沿ったワークシートを用意してもいいですね。

- -

★ 記録したメモをもとに発表しよう！［Scene 2］

　発表する内容を文章にして原稿を用意すると，書いている内容を読むだけにとどまり，内容が伝わりにくい場合があります。本提案では，あえて発表原稿を書かず，ペアで質問し合った際に記録したメモを発表原稿とし，メモを見ながら発表させます。発表の仕方として話型を提示し，丁寧な言葉遣いで，言葉を補いながら発表させます。書いたものを読むのではなく，メモを活用しながら，自分は「こんなものがあったらいいと思ったんだ！」という思いで語らせましょう。

05

記録　整理（まとめ）　伝達　創造

3年　「もっと知りたい，友だちのこと」光村図書

メモを活用して，もっと知りたいことを広げよう

つけたい力 メモを活用して，必要なことを質問しながら聞き，話し手が伝えたいことや自分が知りたいことの中心を捉えることができる。

　本単元は，話の中心を捉えながら，もっと知りたいと思ったことについてメモを活用して質問し，それを伝え合うことを主なねらいとします。話題と話の中心を捉えながら，もっと知りたいことを友達から引き出すために質問の仕方を知り，実践するなかで質問を考える力をつけていきましょう。

Scene1　質問のよさを体験しよう！
Scene2　質問の種類について考えよう！
Scene3　質問をする練習をしよう！
Scene4　質問の答えをメモに残して，伝えよう！

単元計画（全6時間）

1次（1h）	2次（2h）	3次（3h）
・「質問大会」を体験し，質問することのよさを知り，学習計画を立てる。　**Scene1**	・自分が話し手として知らせたいことを決める。 ・質問の種類について考える。　**Scene2** ・話をよく聞き，質問をする練習をする。　**Scene3**	・友達の話を聞いて質問する。 ・質問に対する答えをメモに書き込む。　**Scene4** ・単元を振り返り，話を聞いて質問するときに大事なことを考える。

Scene1　質問のよさを体験しよう！

そのまま使える！活動の流れ

①校長先生や専科の先生などをゲストに迎え「質問大会」をする。
②友達の質問と重ならないように1人一つ以上質問する。
③ゲストの先生のどんなことが分かったか，感想を出し合う。

　これまでの学習で質問した経験はあるでしょう。しかし，質問することによって，もっと知りたいことを相手から引き出し，それが相手理解に強く結び付いていると気づいていないことが多いです。まず，単元の始まりとして，質問することの楽しさや友達の質問につなげて質問することのよさについて知り，学習への意欲を高めます。

今日は，校長先生にゲストとして来ていただきました。校長先生にいろいろ質問してみましょう。

校長先生に質問します。校長先生は，スポーツが好きですか。

スポーツ，大好きですよ。学生のときは，テニスをやっていました。

校長先生は，学生のとき，テニスをやっていたんだね。今は，どんなスポーツをしているか質問してみよう。

Scene2　質問の種類について考えよう！

そのまま使える！活動の流れ

①教科書 p.45を参照して質問の種類を知る。
②自分がこれまでにどのような質問をしたことがあるかを出し合う。
③教科書 p.47の質問やこれまでに経験した質問の種類分けをする。

　子ども達は，質問した経験はありますが，質問にはどんな種類があり，質問することでどんなことを得られるのかについて詳しく考える経験は少なかったと思われます。質問の種類について知り，その活用について考えることは，実践への意欲につながるでしょう。

質問の種類（教科書 p.45を参照）

知りたいこと	きき方のれい
知らないことや，分からないこと	いつ・どこで・だれが・何を
物事の様子や，方法	どのように
したことや考えたことなどの理由	なぜ・どうして

A　「名前は，だれがつけたのですか。」
B　「どうしてプックンという名前にしたのですか。」

Bの質問は，質問の種類のどれにあてはまるかな。

「どうして」ときいているから，「したことや考えたことなどの理由」かな。

Scene3　質問をする練習をしよう！

そのまま使える！活動の流れ

①教科書 p.46の水野さんの話を聞く。

②質問の種類を参考にして，質問したいことをメモに書く。

整理（まとめ）メモ

③ペアで質問の練習をする。

④質問の内容や仕方などを修正する。

　Scene 1 の質問の種類を踏まえ，教科書 p.46の水野さんの話を聞き，質問を考えます。質問はなるべくたくさん出させ，質問の具体例の理解につなげます。その後，質問の優先順位を考え，実際にペアで質問の練習をしましょう。ペアで，話の内容と質問が合っているか，質問の仕方はよいかなどを確かめましょう。

水野さんへの質問メモ例

○知りたいことや分からないこと

　・えさは一日，何回食べるか。

　・水そうのそうじはするか。

○物事の様子や方法

　・どんなえさを食べるか。

　・おせわで気をつけていることはどんなことか。

○したことや考えたことなどの理由

　・どうして，見ているといつも明るい気もちになるのか。

ぼくも，クマノミを飼ってみたい。特に，世話の仕方について聞きたいな。

Scene4　質問の答えをメモに残して，伝えよう！

そのまま使える！活動の流れ

①友達の話を聞いて，質問をメモに書く。整理（まとめ）メモ
②友達に質問する。
③質問に対する友達の答えを書き込む。記録メモ　伝達メモ

　友達の話をよく聞いて，質問をメモに書きます。その後，友達に質問します。質問しているときや質問の答えを聞いているときは，話す人の方を見るように指導します。その後，質問の答えを忘れないように，「しつもんメモ」に書き込みます。短い言葉で書くように伝え，簡潔にメモできているものを取り上げ，広めましょう。

友達の話例

知らせたいこと
・ゆうえんちへ行ったこと
ようす
・こんでいた
・かんらん車，高かった
・ジェットコースターは
　のらなかった
・おべんとうを食べた

質問の答えを，忘れないうちに赤で書き込む。

質問メモの記入例

しつもんメモ
○知りたいことや分からないこと
　・どこのゆうえんちか
　⊙だれと行ったか　　→かぞく
　　　　（お父さん，お母さん，妹）
○物事の様子や方法
　・かんらん車にのると，どんな気もちだっ
　　たか
　⊙かんらん車はどのくらい高いか
　　　　→まわりのビルが小さく見えた
　　　　人がまめつぶみたい
○したことや考えたことなどの理由
　・なぜ，ジェットコースターにのらなかっ
　　たか

ぷらすαポイント

★ 質問の種類について考えよう！［Scene 2］

　質問には種類があることを知れば，質問の幅を広げることができるようになります。これまでの自分の質問の経験を振り返り，その偏りを知るとともに，様々な質問に挑戦させていくきっかけとしましょう。

- -

★ 質問をする練習をしよう！［Scene 3］

　質問する練習をして，質問することに慣れましょう。「しつもんメモ」には，種類ごとに複数の質問を考えさせ，みんなで出し合いましょう。また，様々な質問を出し合ってから，種類ごとに分類していく学習の流れも考えられます。子ども達の実態に合わせて柔軟に対応しましょう。

- -

★ 質問の答えをメモに残そう！［Scene 4］

　質問に対する友達の答えを「しつもんメモ」に赤で書き込みます。心に残ったことを伝え合う際には，この書き込みをした「しつもんメモ」を活用します。全部話すのではなく，心に残ったことに焦点を絞れば，まとめて話すことができます。メモしたことを見ながら伝えることができれば，自分が伝えたいことを明確にすることができるでしょう。

単元のゴールの姿（例）：心に残ったことを伝える

山田さんは，家族で遊園地に行きました。観覧車に乗ったそうです。観覧車から見る景色は，ビルも小さく，下にいる人達が豆つぶくらいに見えたそうです。私も前に観覧車に乗ったとき，海に浮かぶ船がおもちゃみたいに見えたことを思い出しました。

06

記録　整理（まとめ）　伝達　創造

3年　「仕事のくふう，見つけたよ」光村図書

メモを活用して内容を明確にし，報告する文章をつくろう

つけたい力　伝えたい内容の中心を明確にし，段落相互の関係に注意するなどメモを使って文章の組み立てを考え，報告する文章を書くことができる。

本単元は，仕事について調べ，伝えたいことが相手に伝わるように報告する文章を書くことをねらいとしています。相手に伝わるようにするためには，伝えたいことを明確にし，文章の組み立てを工夫する力が必要です。様々な方法で調べたことをメモし，複数のメモによる情報の中から必要な情報を取り出し，つなげたり短くまとめたりして，焦点化しましょう。

Scene1　詳しく調べる仕事を決めよう！
Scene2　必要な情報を選ぼう！
Scene3　組み立てメモを作ろう！
Scene4　報告する文章を読み合おう！

単元計画（全10時間）

1次（2h）	2次（7h）	3次（1h）
・教科書の事例を読み，学習の見通しをもつ。 ・身の回りにある仕事を中心に調べる仕事を決める。　**Scene1**	・本やインターネット，インタビューなどで調べたことから，必要な情報を選ぶ。　**Scene2** ・調べたことをもとに組み立てメモを作成する。　**Scene3** ・報告文を書く。	・書いた文章を読み合い，互いのよいところを伝え合う。　**Scene4** ・学習の振り返りをする。

Scene1　詳しく調べる仕事を決めよう！

そのまま使える！活動の流れ

①身の回りにある仕事をたくさん思い浮かべる。
②グループで，その仕事を書き出す。
③調べたい仕事とその理由をノートに書く。

　身の回りにある仕事をグループの友達と協力して，できるだけたくさん書き出しましょう。家の人の仕事や今まで見学に行ったことのある仕事など箇条書きにしたり，関連するものを図で示したりしながらメモを取らせます。一人で考えると知っている仕事には限りがあります。ペアやグループなど友達と協力することで，調べる仕事の選択肢が増えます。

　ある程度仕事が集まったら，その中から自分が興味のある仕事とその理由をノートに書きます。これは，報告する文章の「調べたきっかけや理由」のもととなります。

グループで出し合った仕事

・学校の先生　　・肉屋さん
・ほいくし　　　・魚屋さん
・かんごし　　　・米屋さん
・はいしゃ　　　・ケーキ屋さん
・いしゃ
・スーパーマーケットの
　店員さん

校区にある仕事

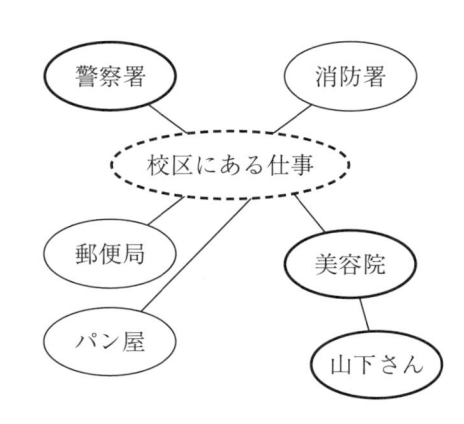

［参考文献］
長谷浩也編著『小学校国語科「話すこと・聞くこと」の授業パーフェクトガイド』（2019，明治図書）

Scene2　必要な情報を選ぼう！

そのまま使える！活動の流れ

①調べたい仕事について，本やインターネット，インタビューなどで詳しく調べ，メモする。記録メモ
②集めた情報の中から，みんなに伝えたい内容を選ぶ。

　調べたい仕事が決まったら，その仕事について様々な方法で情報を集めます。実際に取材できるのであれば取材に行って話を聞きましょう。

　また職業についての本を用意したり，学校司書にブックトークをしてもらったりするのもよいでしょう。Web検索であれば，タブレットで自由に検索できるようにあらかじめ教師が仕事のリンクを貼り付けることで時間短縮になります。様々な方法でメモに取り，たくさん情報を集めましょう。

話を聞いたときのメモ例

さくらびよういん
びようしの山下さん
しつもん
お客さんのかみを切るときに気をつけていること，工夫していることは何か。
答え
・きぼうのかみ型
・お客さんの仕事やきせつに合ったかみ型
・お客さんににあうかみ型
・ほう問びようしつ

本などで調べたメモ例

びようしの仕事
・客のきぼうに応じて，自然で美しい流行に合ったかみ型。
・ヘアカット，パーマ，スタイリング，カラーリング，メイク，着付け，ネイルケア
・けっこん式場やテレビ局などでのヘアメイクもある。
・特殊なかみ型の専門店がある（社交ダンスの選手，日本髪）。
・国家試験に合格してめんきょしょうがもらえる。

Scene3　組み立てメモを作ろう！

そのまま使える！活動の流れ

①教科書 p.100を参考に，文章の組み立てを確かめる。

②調べた内容を組み立てメモにまとめる。　整理（まとめ）メモ　伝達メモ

　教科書 p.100の文章の組み立てを参考に，調べたことをメモにまとめていきます。その際，「調べたきっかけや理由」などの項目ごとに短い文章でメモしてまとめておきます。「はじめ・中・おわり」のまとまりごとにメモを操作することで文章が書きやすくなります。また，調べて「分かったこと」を付箋などに書き出しておき，そこから「考えたこと」も残しておくことで文章が書きやすくなります。

文章の組み立てメモ例

はじめ	調べたきっかけや理由	美容室に行くたびに，お母さんが決めていたが，自分がどんな髪型にしたら似合うのか気になっていた。
	調べ方	いつも行っている美容室の山下さんにインタビューして話を聞いた。本やインターネットでも調べた。
中	調べて分かったこと	（1）髪型の決め方 お客さんの希望の髪型を聞き，仕事や生活，季節に合った髪型を相談しながら決めていく。お客さんの顔の形や身長，髪質も考える。
おわり	まとめ	お客さんの生活に合わせて，切ってよかったと満足して帰ってもらえるようにお客さんのことを考えていることに驚いた。

　□…分かったこと／□…考えたこと

たくさんの雑誌やマネキンが置かれている。

・お客さんがしたい髪型を美容師に伝えやすくするためだろうか。

体の不自由な方の家や介護施設を訪問し，髪を切ったり染めたりしている。

・伸びた髪を切ってもらうことで，体が不自由でも，おしゃれして気分が明るくなり，元気になる。

Scene4　報告する文章を読み合おう！

①書いた文章を友達と交換し，感想やよいと思うところを見つける。
②文章のよいと思うところを付箋に書いたり，伝えたりして交流する。

　教科書 p.100の「ほうこくする文章を書くときは」や教科書 p.102の挿絵を参考にして，友達の文章の良いと思うところを中心に感想を伝え合いましょう。

説明の仕方について

> いろいろな髪型や訪問美容室の様子をイラストで描いてあったから，イメージしやすくてよく分かったよ。

調べたことについて

> 自分が決めている髪型にするだけじゃなくて，お客さんの生活に合わせた髪型を一緒に考えてくれるんだね。そういえば，夏は暑いから短くするか，髪がくくれるくらいにするかどっちかにしようかって言われたよ。

> 介護施設に訪問しているんだね。驚いたよ。髪を切ったらすっきりするから，体が不自由でも気持ちが明るくなるね。

ぷらすαポイント

★ 詳しく調べる仕事をたくさん出し合おう！［Scene 1］

　興味のある仕事といっても，なかなか思いつかない児童も多いです。グループで探すことによって，たくさんの職業が見つかります。また，全員が体験している町探検や校区巡りなどで訪れた店や施設を思い出して書き出すことも有効です。書く時間を限定することで，グループでたくさん書き出そうとゲーム感覚で楽しみながら見つけることもよいでしょう。

- -

★ 付箋を使って文章の組み立てメモを作ろう！［Scene 3］

　組み立てメモを作成する際には，できるだけ短い文章で具体的な内容を書くように指示します。また，その内容が「調べたきっかけや理由」と合っているか意識してまとめないと的外れな文章になってしまいます。

　「調べて分かったこと」は，「分かったこと（事実）」「考えたこと（自分の感想）」に分けて付箋に書くことで，文章にまとめる際に並べ替えがスムーズにできます。付箋は項目ごとに色分けすることで，視覚的にも考えやすくなります。

- -

★ 読み合って感想を伝え合おう！［Scene 4］

　友達と交流する際には，「よいと思うところ」の「よいところ」とはどのようなことを指すのか，視点をはっきりさせておくことが必要です。共通の視点に沿って読み合うことで，自分にはない報告する文章の組み立て方の工夫を見つけることができるでしょう。また，気づきやよさが書かれた友達からの付箋メモを原稿に貼っていくことで，自分の学びの蓄積となり，子ども達が文章を書く意欲へとつながっていきます。

07

3年　「おすすめの一さつを決めよう」光村図書

メモを活用しながら，
条件と照らし合わせ，考えをまとめよう

つけたい力　目的や進め方を確認し，司会などの役割を果たしながら話し合い，付箋などのメモを活用しながら互いの意見の共通点や相違点に着目し，考えをまとめることができる。

　本単元は進行を考えた初めての話し合い単元となります。司会や参加者としての役割を果たし，目的に対する自分の意見をグループで出し合いながら考えをまとめることをねらいとしています。それを踏まえ，あらかじめ自分の意見を付箋などにメモし，友達の意見を聞くなかで付箋を動かしながら共通点や相違点を考え，グループで意見を一つにまとめる活動です。

Scene1　目的に応じた自分の考えを書こう！
Scene2　グループで話し合いをし，意見をしぼろう！
Scene3　意見を一つにまとめよう！

単元計画（全8時間）

1次（2h）	2次（5h）	3次（1h）
・学習の見通しをもつ。 ・紹介したい本とその理由をできるだけたくさん付箋に書く。 　**Scene1**	・話し合いの仕方を確認し，司会，記録，計時などの役割を決める。 ・付箋を操作しながら，グループで意見をしぼる。 　**Scene2** ・本を1冊に決めるための話し合いをする。 　**Scene3**	・学習を振り返り，話し合いの際に気をつけたいことをまとめる。

Scene1　目的に応じた自分の考えを書こう！

そのまま使える！活動の流れ

①1年生が本を好きになってくれるような楽しい本とその理由をできるだけたくさん考え，付箋に書く。1年生が本を好きになってくれるような楽しい本とはどんな本がふさわしいか，クラスで意見を出し合い，目的に合う条件（「出来事」「言葉の使い方」「絵」の楽しさ）を共有する。

②付箋を見ながら隣の人と話し合う。 整理（まとめ）メモ

「1年生が本を好きになってくれるような楽しい本を紹介する」という目的に合う本を可能な限り各自で考えます。本の題名を付箋に書き，付箋を見ながらその理由が言えるようにさせます。この目的では，考えられる範囲が広すぎるので，紹介したい理由を整理し，クラスで意見を共有します。

　進行に沿った初めての話し合いのため，目的に合う条件（「出来事」「言葉の使い方」「絵」の楽しさ）をクラス全体で共有しておくことで，話し合いがしやすいと考えます。進行を考えた話し合いに慣れてきたら，司会を中心としたグループのメンバーで，考えるようにしていきます。

　クラスで共有した目的に合う条件（「出来事」「言葉の使い方」「絵」の楽しさ）に合っているか，隣の人と話し合いましょう。

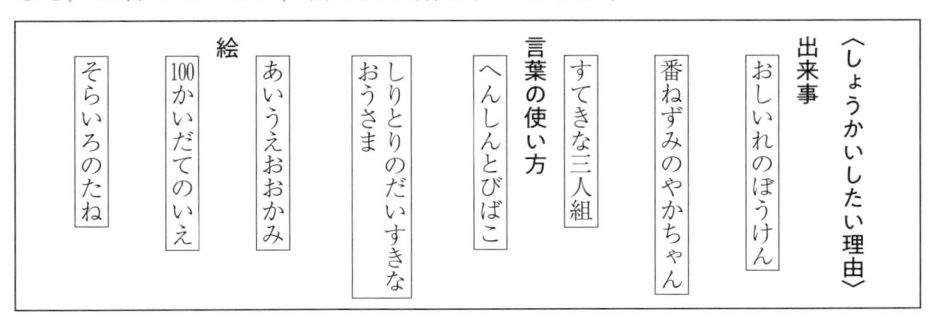

〈しょうかいしたい理由〉

出来事
- おしいれのぼうけん
- 番ねずみのやかちゃん

言葉の使い方
- すてきな三人組
- へんしんとびばこ

絵
- しりとりのだいすきなおうさま
- あいうえおおかみ
- 100かいだてのいえ
- そらいろのたね

そのまま使える！活動の流れ

①「出来事」「言葉の使い方」「絵」のそれぞれの楽しさ，よさとは何か，付箋に書く。

②司会の進行に沿って，「出来事」「言葉の使い方」「絵」のどの楽しさの本を紹介するか話し合い，記録係が用紙にまとめる。

整理（まとめ）メモ

〈しょうかいしたい理由〉
それぞれの楽しさ　よさ

出来事
話にむちゅうになれる
わくわく、どきどきして楽しめる

言葉の使い方
くりかえしの言葉のリズムがおもしろい
いっしょに声を出せる

絵
読むのがにが手な子も楽しめる

１年生に紹介する本を１冊選ぶとすると，どの楽しさのある本がよいでしょうか。

私は，出来事がいいと思います。出来事が楽しいと，次にどんなことが起こるか，わくわくどきどきするからです。

ぼくは，言葉の使い方がいいと思います。１年生は平仮名や片仮名などの言葉を習ったので興味があると思います。……

それでは，言葉の使い方が楽しい本の中から，１冊決めましょう。

Scene3　意見を一つにまとめよう！

そのまま使える！活動の流れ

①意見を一つにまとめるため，「言葉の使い方」の楽しさとはどんなものかの基準を決める。

②話し合った基準に沿って，記録係が付箋に書き加えながら，本を 1 冊選ぶ。 整理（まとめ）メモ

　「言葉の使い方」というような広い意味での判断基準だけでは，各自の解釈にばらつきがあり，意見が一つにまとまりません。そこで「楽しさ」とはどんな楽しさを示すのか，メンバーで共有する必要があります。はじめは話し合う視点を教師が与えてもよいです。

「言葉の使い方」の楽しさとは，どんなものがあるかな。意見のある人はどうぞ。

面白くて思わず笑ってしまうようなものはどうですか。

でも，それならたくさんありそうだね。人によって笑うところも違うから，難しいですね。

繰り返しの言葉とか，言葉のリズムが面白いものは，1 年生にとって楽しいんじゃないかな。妹は，同じ言葉を何回も言って楽しんでるよ。

それいいね。一緒に声に出すものいいし，楽しく聞きながら，言葉の学習にもなるね。1 年生で学習した「おおきなかぶ」もそうだったね。

 では，「言葉の使い方」の楽しさは「繰り返しの言葉のリズムが楽しいもの」でいいですね。

 はい。『へんしんとびばこ』なら，声に出して，楽しみながら言葉の学習ができそうです。

 賛成。言葉が入れ替わって違う言葉になるから，1年生も楽しめそうです。

 1年生に読む絵本は，『へんしんとびばこ』に決まりました。これから，紹介する練習をしましょう。

付箋を使ったメモ例

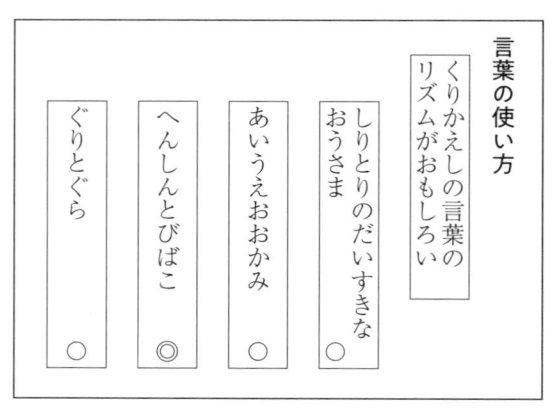

ぷらすαポイント

★ 目的をもって学ぼう！［Scene 1］

　話し合いをするためには，各自が考えをもって，積極的に参加しなければよい話し合いになりません。なぜそれを選んだのかという意見をみんなが出し合うことによって，考えが深まっていきます。しかし，話し合いを進めていく中で話題が逸れてしまうこともあります。そのときには常に相手や目的に返ることで，ねらいに迫った話し合いが実現できます。これらが今後の話し合いの第一歩になります。

- -

★ 基準に沿って考えよう！［Scene 2］

　はじめに「５分で読める」のように基準が明確なものから分けていきます。実際に可能であるかどうか確かめ，できなければ他の方法で，できそうな工夫（１話だけなら５分で読める）を探ります。また，話し合いが停滞したら，もう一度目的に返ったり，分からないことを質問したりしながら話し合いを進めましょう。

- -

★ ２つ目の基準に沿って考えよう！［Scene 3］

　１つ目の基準でしぼられたものの中から，２つ目の基準によってさらにしぼり，意見を１つにまとめていきます。意見が出にくいようであれば教師から提案することも一案です。自分が正しいと思っていた基準が総合的に考えると偏っていることもあります。メンバーが様々な視点で考えを出し合うことで，判断の基準を共有することが大切です。

08

話のまとまりを意識して聞き取り，分かりやすいメモにしよう

つけたい力 必要なことや質問の答えをメモに記録しながら聞き取り，話し手が伝えたいことや自分が知りたいことの中心を捉えることができる。

　本単元は「聞き取った大事なことを落とさずメモに記録すること」と「メモを使って情報を正確に伝えること」を主なねらいとします。特に話の中心を捉え，分かりやすくメモに取ることは，これからも必要な力となります。メモの工夫を学び，実践する場を多く設定することを通して，聞く力と伝える力を伸ばしましょう。

Scene1 メモの経験を出し合い，聞き取る力を確かめよう！
Scene2 メモを取りながら「メモの工夫」をまとめよう！
Scene3 「メモの工夫」で確認しながら，メモを取ろう！
Scene4 「メモの工夫」を使って，発表会をしよう！

単元計画（全6時間）

1次（1h）	2次（4h）	3次（1h）
・メモの経験を出し合い，聞き取る力を確かめる。 **Scene1**	・聞き取りメモの工夫を考え「メモの工夫」について話し合う。 **Scene2** ・「メモの工夫」で確認しながら，担任の先生の話を聞き，メモを取る。 **Scene3** ・「メモの工夫」で確認しながら，校内の先生の話を聞き，メモを取る。 ・メモをもとに校内の先生の話の内容を発表する。 **Scene4**	・目的に合わせたメモの取り方について話し合う。

Scene1　メモの経験を出し合い，聞き取る力を確かめよう！

そのまま使える！活動の流れ

①これまでのメモの取り方について経験を出し合う。
②先生の話を聞き，メモを取る。記録メモ
③大事な言葉（キーワード）がメモできたか確認する。
④箇条書きを活用しているか確認する。

　まず，2年生，3年生で学習したメモの力を確かめます。「大事なことを落とさず聞き，メモする」ことができるか把握し，足りない力を補っておくことは本単元のスタートとして重要です。次に，大事な言葉（うれしかったことの概要）を短く，落とさず箇条書きでメモできるかどうかを重点的に確認します。さらに，これまでの経験を話し合うなかで「メモすることのよさ」を共通理解し，メモの工夫を用いるための動機づけとしましょう。

先生の話

　先生が最近うれしかったことは，2つあります。
　1つ目は，スーパーの福引きでなんと2等が当たったことです。1等はだめでしたが，2等は商品券が当たり，うれしかった。何を買おうか今から楽しみです。
　2つ目は，パン屋さんでメロンパンが買えたことです。いつも大人気で売り切れでした。食べてみると，あまくておいしかったです。

メモの記入例

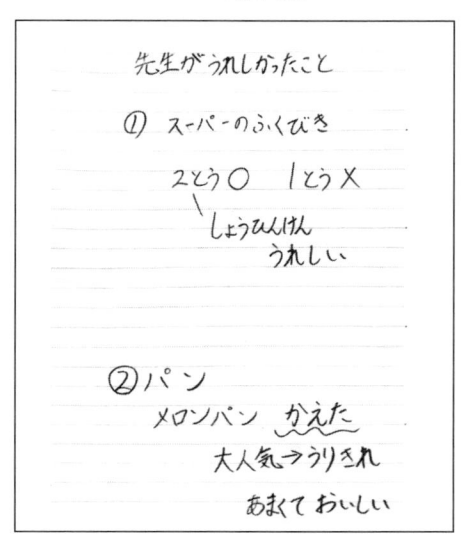

Scene2　メモを取りながら「メモの工夫」をまとめよう！

そのまま使える！活動の流れ

①教科書 p.45 の中川先生の話を聞いてメモを取る。

②自分たちのメモや教科書 p.46 のメモ例からメモするときの工夫を出し
　合う。

③「メモの工夫」にメモを取ることに必要な工夫をまとめる。

④「メモの工夫」を使ってメモを書き直す。　伝達メモ

　教科書 p.45 の中川先生の話を聞き，だれかに伝えるためのメモを取ります。Scene 1 で確かめた「キーワード」「箇条書き」は意識するように伝え，自由にメモを取らせます。その後，書いたメモを見せ合います。メモの工夫はなるべくたくさん出させ，整理していきましょう。特に「話のまとまりをとらえる」は話の構成や中心を捉えながら聞き分ける力につながるため，おさえておきたい項目です。「メモの工夫」には，メモに必要な力を書き出しておきます。取り入れたいメモの工夫にチェックをつけながら，メモに必要な力をつけていきましょう。

メモの工夫・チェックリスト

	メモの工夫
☑	話のまとまりごとに書く
☑	短い言葉で書く
☑	キーワードを入れて書く
☑	かじょう書きにする
☑	見出しをつける
☐	番号をつける
☑	矢印や記号を使う
☑	印をつける（後で質問・確認）
☑	ひらがなでもよい
☑	消しゴムは使わない

メモ例

中川 先生

○水えい
　週 3回
　平およぎ　とくい
　タイム → 4年で5びょうちぢまった
○絵
　えのぐ ←　おばあちゃんからもらう
　なつ休み　けやき

Scene3　「メモの工夫」で確認しながら，メモを取ろう！

そのまま使える！活動の流れ

①担任の先生の話を聞いて，要点をメモをする。 記録メモ
②「メモの工夫」のチェックリストを使って，メモに書き足す。 伝達メモ
③友達とメモを見せ合いながら，答え合わせをする。

　担任の先生が小学生の頃に夢中になっていたことの話を聞いてメモに取ります。後から「メモの工夫」のチェックリストに印をつけながら足りない情報があればメモに書き足します。チェックする項目はすべて使うということではなく，必要な情報（伝えるべき情報）が端的にまとめられているか，メモを見たときに自分の記憶が呼び起こせるかということが重要です。足りない情報があればメモに書き足していきましょう。

担任の先生の話

　先生が子どもの頃，夢中になっていたことは，一輪車とドッジボールです。
　一輪車は数に限りがあるので休み時間になるとすぐ外に出ていました。すぐ乗れないので，のぼり棒に行き，両手で棒を持って練習していました。家で練習できないので乗れるまで2年くらいかかりましたが，最後はつかまらなくても乗り降りができるようになって，うれしかったことをよく覚えています。
　ドッジボールは，高学年になってよくしました。逃げるのが得意です。投げるのは苦手なので，とにかく逃げました。最後まで残ったらやったーという気持ちになりましたが，当たって外野になると当てられないので練習しました。でも当てられないので，くやしかったです。

書き加えたメモ例

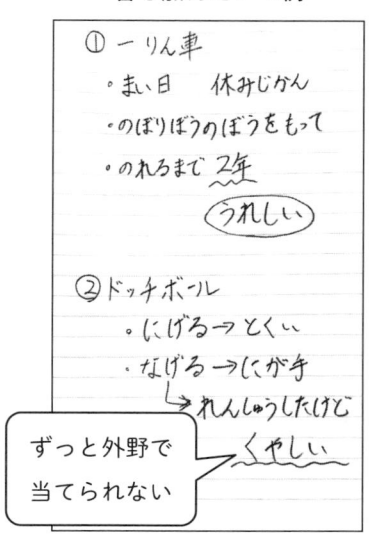

① 一りん車
・まい日　休みじかん
・のぼりぼうのぼうをもって
・のれるまで 2年
　うれしい

② ドッチボール
・にげる→とくい
・なげる→にが手
　↳れんしゅうしたけど
　　くやしい

ずっと外野で当てられない

Scene4 「メモの工夫」を使って，発表会をしよう！

そのまま使える！活動の流れ

①学校の先生の話を聞き，要点をメモする。 記録メモ

②「メモの工夫」のチェックリストを使って修正したり，3，4人のグループの友達と見せ合いながらメモに書き加えたりする。 伝達メモ

③メモをもとに聞き取った話の内容をクラスの友達に伝える。

　校内の先生方に事前に依頼（小学校の頃，夢中になったことを話し，その内容を子ども達がメモに取る）しておき，グループで話を聞きに行きましょう。各自でメモを取り，教室に戻ってからまずは自分で修正し，その後グループで見せ合い修正します。必要な情報があるかどうかを確認させ，伝達するためのメモを完成させましょう。発表の際は，グループのメンバーがそれぞれ一人ずつ別のグループへ行き，内容を伝えます。

聞き取りメモ例

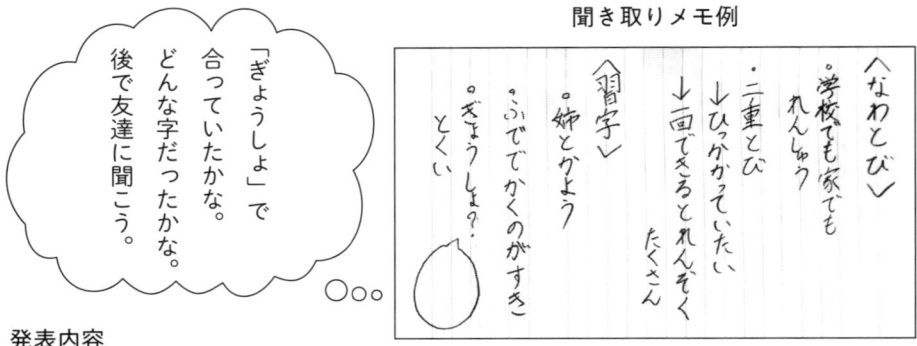

発表内容

　山田先生が子どもの頃，夢中になっていたことは，2つあります。

　1つ目は縄跳びです。学校でも家でも……1回跳べるようになると連続でたくさん跳べるようになったそうです。

　2つ目は習字です。……特に行書といって，1画ずつつながっている続け字のように書くのが得意だったそうです。……

ぷらすαポイント

★ これまでのメモの力を確認しよう！［Scene 1］

　大事な言葉（キーワード）を短く取り出すことは，子ども達にとって案外難しいことです。必要なことだけを最小限の言葉でメモする力が適切についているか単元のはじめに確かめ，もし，足りないようであれば，話題を変え，練習を重ねましょう。指導の際は，挙げるべき大事な言葉を教師が理解しておく必要があります。

- -

★ 聞き分ける力をつけよう！［Scene 2］

　話のまとまりは，話の構成や中心を捉えながら聞き分ける力につながります。普段から教師が，話す前に「3つ話します」など話のまとまりを意識させる話し方を取り入れます。そうすることで子ども達は話のまとまりが捉えやすくなり，聞き分けてメモする力につながっていくことでしょう。

- -

★「メモの工夫」のチェックリストを活用しよう！［Scene 3］

　メモを取る際は必ず「メモの工夫」のチェックリストを活用するようにします。教室にも掲示し，意識できるようにします。個人のチェックリストには，下に余白を設け，追加する項目があれば書き加えられるようにします。「今日は5つ使えたよ」などの声が自然に聞かれるようになるといいですね。

- -

★ メモを取る機会を増やそう！［Scene 4］

　校内の先生に依頼する際には，単元の目標やつけたい力などを事前に説明し，意図的計画的に学習が進められるようにしましょう。友達の話を聞く際にはメモを取らせ，発表者のメモと比べるのも一案です。

09

メモに整理しながら，複数の基準と照らし合わせ，話し合おう

つけたい力　話し合いの目的や進め方を確認し，司会などの役割を果たし，共通点や相違点に着目し，メモなどを使って考えをまとめることができる。

　本単元は，司会，記録係などの役割を果たしながら，多くの人が納得できる結論を目指す話し合いをねらいとしています。記録係として話し合いの経過や結論をノートや黒板に記録することも大切ですが，だれもが記録係になれるように話し合いの流れをメモに整理させましょう。本実践は，メモを取ることを重視した展開となっています。

Scene1　役割に応じた話し合いの仕方を知ろう！
Scene2　自分の考えをもち，話し合いの準備をしよう！
Scene3　どうやって決めるか，決め方について知ろう！
Scene4　表にまとめて考えを整理しよう！

▌単元計画（全8時間）

1次（1h）	2次（5h）	3次（2h）
・これまでの話し合い活動を振り返り，学習の計画を立てる。	・議題を決め，話し合うための役割を知り，役割を決める。 ・話し合いで気をつけること，役割に応じた話し合いの仕方，意見のまとめ方について知る。　**Scene1** ・話し合いの準備をする。　**Scene2** ・話し合うために，どうやって決めるか，決め方を知る。　**Scene3** ・話し合うなかで，自分の考えを整理する。　**Scene4**	・別の議題で話し合う。 ・学習を振り返る。

Scene1　役割に応じた話し合いの仕方を知ろう！

そのまま使える！活動の流れ

①教科書 pp.42-45の話し合い例を読んだり，二次元コードで確かめたり
　しながら，それぞれの役割や話し合いの進め方を知り，話し合いのイ
　メージをもつ。

②教科書 pp.42-45の下部にある役割に応じた進行や発言を，話し合い例
　の中の言葉で確認する。

③それぞれの役割で話し合いに気をつけることをまとめる。

　教科書の話し合い例を文字にしたものを用意します。教科書では省略した部分も付属ＣＤを活用して，全文載せることが望ましいです。紙面上でそれぞれの役割に応じた発言が，話し合い例のどの部分の発言を指しているのか，クラス全体で確認します。同じ話し合い例を通して全員で確かめることで，実際の話し合いの大まかな流れが共通理解できます。

　また，記録係については，話し合いを通して決定するまでの過程で，必要な部分を箇条書きでまとめる力が必要となります。

話し合いで参考にしたい言葉

司会
ところどころで、そこまで出た意見をまとめる。
↓全部で五つの案が出ました。
：
意見があまり出ないときは、少人数で相談したり、考えをノートに書いたりする時間を取る。
↓考えが出ないようなので、はんで相談する時間を三分間取ります。 …

提案者
前の人の提案と関わるのか、ちがう提案なのかを、発言のはじめに言う。
↓ぼくも、竹内さんと同じように…
↓わたしは、別の案ですが、…

Scene2　自分の考えをもち，話し合いの準備をしよう！

そのまま使える！活動の流れ

①議題を確かめる。
②話し合いでの自分の役割を確認する。
③議題に対する自分の考えを全員が出す。記録メモ

　はじめにクラスで話し合う目的と議題を確かめます。どの役割であっても事前に全員が議題に対する自分の考えとその理由をメモに書き出しておきます。そうすることで，クラス全員での話し合いにおいても一部のメンバーだけで話し合いが進むことなく，全員が積極的に話し合いに参加することができます。また，議題については，クラスや学校の実態に応じて，話し合う必要性の高いものとします。意見がたくさん出た場合は，グループで話し合い，クラスで5つ程度にしぼりましょう。

ペア交流会での遊びと選んだ理由のメモ例

ペア学年との交流会でするもの	
遊び	選んだ理由
ドッジボール	みんなやったことがあるから知っている
大なわ	いろいろなとび方で楽しめる
十字おに	走ったりとびこえたりして楽しい
しっぽとり	たくさん走って楽しめる
おばけやしき	何が出るか分からないから楽しい
宝さがし	宝が見つかったときの喜びが大きい
ウォークラリー	チームで協力して解決できる
つな引き	大なわを使って引くと運動会みたいで楽しい

Scene3　どうやって決めるか，決め方について知ろう！

そのまま使える！活動の流れ

①複数の意見から意見をしぼるためにどうやって決めるか，決め方について出し合う。

②どの決め方がふさわしいかを話し合う。 記録メモ

　複数の意見が出て，この中から「どうやって決めるか」という決め方（判断の基準）を考えます。学級活動などの経験から，決め方となるものの基準をできるだけたくさん出し合います。教師がヒントを出したり，提示したりしてもよいです。その中から今回の話し合いに適しているものを選べるようにしましょう。情報は常に共有できるように，記録係が板書しておきます。

> 代表委員会の６年生を送る会では，「６年生が楽しめる」「全校のみんなが参加できる」だったよ。

> 学活で決めたときは，「雨が降ったら教室でもできるもの」「準備がらくで時間がかからないもの」にしたよね。

> …いろいろ意見が出ましたね。では，今回の話し合いでは，どれがふさわしいか，目的と照らし合わせて考えましょう。

どうやって決めるか
◎みんなが楽しめる
・みんながなかよくなれる
◎みんなが知っている
・今までしたことがある
・全員が参加できる
・協力してできる
・雨でもできる
・運動場でできる
・教室でできる
・ルールが分かりやすい

決め方（決定）
◎みんな（２年も４年も）が楽しめる
◎みんなが知っている，したことがある（経験）

どうやって決めるか，決め方の板書例

Scene4 表にまとめて考えを整理しよう！

そのまま使える！活動の流れ

①出た案と決め方を確認する。

②全員が，出た案と決め方（判断の基準）とを照らし合わせながらメモに取り，表で整理して考える。整理（まとめ）メモ

③メモをもとにみんなで話し合って，決定する。

④書き足したメモを見ながら発表の練習をする。

　意見を出し合いながら，記録係が黒板に表で整理していきますが，誰もが記録係になれるように決め方（判断の基準）と照らし合わせながら表に整理します。必要箇所を入れた表をワークシートとして使用してもよいでしょう。そのメモをもとに全体で話し合うことで誰もが積極的に話し合いに参加することができます。なぜ○△なのか，自分なりの理由もあればよいです。

……前回の話し合いで，決め方は「大勢の子が知っている（経験）」「みんなが（2年生も4年生も）楽しめる」の2つでした。では，これをもとに，何をするかについて話し合っていきます。意見がある人はお願いします。……

各自のメモ例

何をするか	経験	2年生も4年生も楽しめる
ドッジボール	○	△苦手な子もいる
大なわ	○	○とんでくぐり抜けるのが楽しい ○大波小波など回し方を変える
十字おに	△	△ルールを覚えるのに時間がかかって楽しめない
しっぽとり	○	○走り回って，みんなで楽しめる
つな引き	△	○混合チームで協力して楽しめる △けがをすることもある

ぷらすαポイント

★ 記録係となって話し合いをまとめよう！ [Scene 1]

　教科書の話し合い例は紙面上，一部省略されています。二次元コードや付属ＣＤ，指導書を参考に，省略された部分をクラスみんなで考えていくのも一案です。

　また，全員が記録係になったつもりで，板書にふさわしいメモを取らせるのもよいでしょう。既習の話し合い例を聞き，箇条書きで短くまとめることは，実際の話し合いでも活用できます。

- -

★ 話し合いでの決め方を知ろう！ [Scene 3]

　何かを決める際の話し合いにおいては，それをどうやって決めるか，判断の基準が必要となります。安易に多数決で決めるのではなく，目的に合った話し合いになるように教師が促しましょう。今までの話し合いでの経験を振り返り，どうやって決めていったのか，決め方をできるだけたくさん出すことで，様々な観点を共有することができます。今後の話し合いでも活用できるように，「この話し合いではこの決め方で考えられるな」とクラスの財産になるようにしましょう。

- -

★ 表にまとめ，もっと考えを整理しよう！ [Scene 4]

　複数の観点をもとに考える際には，表に整理して考えていくと分かりやすいです。全員がそのような経験をしておくと，今後，様々な思考場面での活用が可能となります。またグループごとに話し合いをし，グループの記録係がまとめたメモをもとに，クラスで意見を出し合うのもよいでしょう。そうすることでグループごとの意見だけでなく，メモのまとめ方も比較することができるでしょう。

10

4年　「調べて話そう，生活調査隊」光村図書

調べて分かったことをメモし，メモを活用して報告しよう

つけたい力 集めた材料から必要な事柄を選び，調べて分かったことについて，メモを整理しながら話の構成を考え，報告することができる。

　本単元は，生活に関する疑問を調査し，その結果と結果から分かったことを明確にして報告することをねらいとしています。調査に関して，アンケートを作成したり，結果を集計したり，結果から分かったことをまとめたりと様々な場面でメモに整理し考える力が必要です。調査結果から必要な情報を取捨選択し，伝えたいことが明確になる発表を目指しましょう。

Scene1　調査したいことを決めよう！
Scene2　アンケートの方法と集計方法を決めよう！
Scene3　アンケートの結果を整理しよう！
Scene4　発表を聞き，感想を伝え合おう！

単元計画（全8時間）

1次（1h）	2次（5h）	3次（2h）
・教科書の発表の例を読み，学習の見通しをもつ。 ・生活に関する疑問から調査したいことを決める。　**Scene1**	・アンケートの方法と集計方法を決める。　**Scene2** ・アンケートの結果を整理する。　**Scene3** ・発表用の資料や発表原稿を作成する。	・発表会をし，感想を伝え合う。　**Scene4** ・学習の振り返りをする。

Scene1　調査したいことを決めよう！

そのまま使える！活動の流れ

①教科書 pp.120-121を参考に生活に関する疑問をメモに書き出す。

記録メモ

②書き出した疑問の中から，グループで調べたいことを決める。

　普段の学校や家での生活の中で，「自分はこういうふうに過ごしているけど，みんなはどうしているのかな」と，疑問に思うことはたくさんあります。グループでの話し合いの前に，各自一つは疑問に思うことをメモに書き出し，話し合いに臨みましょう。そうすることで，全員が主体的に参加することができます。

私は，昼休みに係活動をしているか，図書室で過ごすことが多いけど，みんなはどんなことをしているのかな。

確かに，中休みは外で遊ぶって決まっているけど，昼休みは自由だからね。ぼくは，みんなが家でどんなお菓子をどれくらい食べているのか気になったよ。種類とか量とか食べていない子もいるのかなって。

調べたいことの各自のメモ

調べたいこと
・好きな給食のメニュー
・休み時間の過ごし方
・好きなテレビ番組

調べたいこと
・どんな朝食を食べているか
・どんなお菓子を食べているか
・習いごとについて

Scene2　アンケートの方法と集計方法を決めよう！

そのまま使える！活動の流れ

①教科書 pp.98-99（4年上）を参考に，調べたいことについて，問いを考える。

②回答をおおまかに予想し，回答の仕方を決める。

③アンケートを作成する。

　調べたいことについて，どんなことを聞くとよいかを話し合います。どんな内容のものをどんなふうに聞くと，どんな情報が集まるのかを考えます。問い方は，回答する人にとって，分かりやすく答えやすい問いにします。ある程度回答を予想しながら決めていきましょう。

 ぼくは，スナック菓子をよく食べるよ。だから，スナック菓子が多いと思うけど，本当かな。調べてみよう。

アンケート用紙の例

普段食べているお菓子についてのアンケート

4年3組　5はん

問い1　好きなお菓子は何ですか。3つまで○をつけてください。

ア　和菓子　　　　　　イ　洋菓子　　　　　ウ　スナック菓子

エ　その他（　　　　　　　　　　　　　　　　　　　　　　）

問い2　普段どんなお菓子をよく食べていますか。（最大3つまで）

【答え】

問い3　1週間でどれくらいお菓子を食べていますか。

Scene3　アンケートの結果を整理しよう！

そのまま使える！活動の流れ

①アンケートの結果を集計する。
②集計の結果の伝え方を決める。
③集計の結果を分析する。
④集計の結果を資料にまとめる。　整理（まとめ）メモ　伝達メモ

　アンケートを集計する際は，調査内容を正しくまとめるようにします。結果から，どのようなことが分かるのか分析します。その際にグループで出し合った意見を付箋などのメモに取ります。このメモは資料にまとめたり，発表したりするときに活かします。そして，結果を伝えるには，表やグラフ，仲間分けしたものなど，どのように整理したらよいか，メモを並べ替えながら順序を考え，見ている人が最も分かりやすい方法でまとめます。

　スナック菓子が圧倒的人気だね。お菓子が体にとってどうなのか気になったな。栄養士の先生に聞いてみようか。

結果を分析したメモ

栄養士の先生に聞いたメモ

普段食べているお菓子を 　　　調査して分かったこと	栄養士の先生から
・スナック菓子が多い 　→コンビニなど手に入りやすい ・和菓子より洋菓子が人気 　→まんじゅうなどはあまり家にない 　？あんこが苦手か 　？賞味期限が早いからか	○スナック菓子について ・ポテトチップスなら１袋につき 　油■杯分　油の取りすぎ 　　→小分けの袋　量の調整を！ ・塩分のとりすぎ 　食事でも塩分をとっている 　１日に必要な塩分●グラム 　　→生活習慣病になるおそれ

Scene4　発表を聞き，感想を伝え合おう！

①他のグループの発表を聞き，質問や感想，改善点，工夫点などを見つける。

②発表を聞いて，質問や感想，改善点，工夫点などを付箋に書いたり伝えたりして交流する。 伝達メモ

　教科書 p.124の挿絵を参考に，他のグループの発表を聞く際は，自分の生活と比べながら聞き，質問や感想などを伝え合います。質問はその場でし，回答できることはさせましょう。感想や工夫点などは発表後に付箋に書く時間を設け，全員が，他のグループに伝えられるようにしましょう。

質問

和菓子が少なかったのは，どうしてだと思いますか。

感想

「このグラフを見てください」と言ってから，間を取って言っていたので，みんなの視線が一気にグラフに集まって，分かりやすかったです。

結果を知らせるときに，グラフとお菓子のイラストや実物の両方があったので，よく分かりました。

発表を聞いて，ぼくは，スナック菓子で油と塩分をとりすぎていると感じました。乾燥させた野菜スナックならいいのかな。健康のことを考えて調べてみたいと思います。

ぷらすαポイント

★ よりよいアンケートを作ろう！ ［Scene 2］

　アンケート調査は，多くの人の考えを知るために有効な手段です。アンケートを作成する際は，調べたいことの実態が把握できるような問いにしなければなりません。作成している際にどんどん調べたいことからずれてしまうことがあります。その過程で，この問いは調べたいことを明らかにするために必要であるか，グループ全員に意識させましょう。また，問いの意図が分かりやすいものになっているか，簡潔に回答できるものであるか，答える人にとって分かりすいものとなるようなアンケートにさせましょう。

- -

★ メモを使ってアンケートの結果を整理しよう！ ［Scene 3］

　アンケートの結果を集計していると，その過程で結果から分かったことや気がつくことがあると思います。そのような気づきを付箋などのメモにすぐ書き出せるようにしておきます。その後，結果をまとめる際には，どのような見せ方がより伝わるのか吟味しなければなりません。さらに，結果だけでなく，違った視点で考えると別の分類もあるかもしれません。そのような一つ一つの気づきをつぶやきだけでなく，メモに取り，記録に残すことが自然にできるように教師が活動を仕組みましょう。

- -

★ 付箋を使って感想を伝え合おう！ ［Scene 4］

　発表を聞く際は，必ず聞いて思ったことを伝える習慣を身につけさせましょう。時間の関係でその場で全員が伝えられないこともあります。そういった際でも，書く時間を設け，付箋に書き，グループの資料に貼るようにさせます。発表と感想は，必ずセットで行うという習慣を身につけさせましょう。

11

5年　「きいて，きいて，きいてみよう」光村図書

目的に合わせたきき方と
メモの取り方を考えよう

つけたい力　3人グループでインタビューし合う中で，相手の考えや思いをきき，「きき手」「話し手」「記録者」それぞれの役割に応じたきき方，メモの取り方を考えることができる。

本単元は「きき手」「話し手」「記録者」それぞれの役割においてメモを活用することで，きく力を伸ばします。インタビューを報告する際は，記録したメモに報告するための情報を書き加えましょう。そうすることで，目的に合わせたきき方やメモの活用について考えることができます。

Scene1　「友達の意外な一面」を探ろう！
Scene2　質問のバリエーションを増やそう！
Scene3　相手の思いを引き出す質問を準備しよう！
Scene4　メモを再構成しよう！

単元計画（全6時間）

1次（1h）	2次（4h）	3次（1h）
・友達の意外な一面を見つける。**Scene1**	・質問の種類を増やすために，教師が話をする。**Scene2** ・「きき手」として「話し手」の考えを引き出すための質問を考える。**Scene3** ・「きき手」は，メモをもとにインタビューする。 ・「記録者」は，報告することを目的としたメモに書き直す。**Scene4**	・「きくこと」について，できるようになったことや考えたことを振り返る。

Scene1　「友達の意外な一面」を探ろう！

そのまま使える！活動の流れ

①これまでのインタビューやメモの取り方について経験を出し合う。

②3人組を作り，自由で自然な会話を通して友達メモに記入しながら，友達の意外な一面を見つける。記録メモ

③友達メモをもとに，意見を交流する。

④友達メモの中から協力してインタビューの話題を決定する。

　いつも共に生活している友達を紹介するためには，相手から多くの情報を得ることが必要になります。自由で自然な会話を通して，知っている部分と知らない部分に分けた友達メモに記入させ，友達の意外な一面を見つけましょう。

友達メモ記入例

[参考文献]

長谷浩也編著『小学校国語科「話すこと・聞くこと」の授業パーフェクトガイド』（2019，明治図書）

Scene2　質問のバリエーションを増やそう！

そのまま使える！活動の流れ

①教師による「私の意外な一面」を話題にした簡単なスピーチをきく。
②「きき手」となり，教師のスピーチに対する質問を考える。

整理（まとめ）メモ

③考えた教師への質問を出し合う。
④内容を分類しながら質問のバリエーションを増やす。

　「きき手」が質問し「話し手」に答えてもらうことで，「話し手」の意外性についての具体的な様子やエピソードが明らかになります。「話し手」の思いや考えを引き出すためには，様々な視点から質問をする必要があります。つまり，質問のバリエーションを増やしておくことが大切になります。出し合った質問を分類することで，質問の観点が理解しやすくなり，自分が質問する際に活用することができるでしょう。

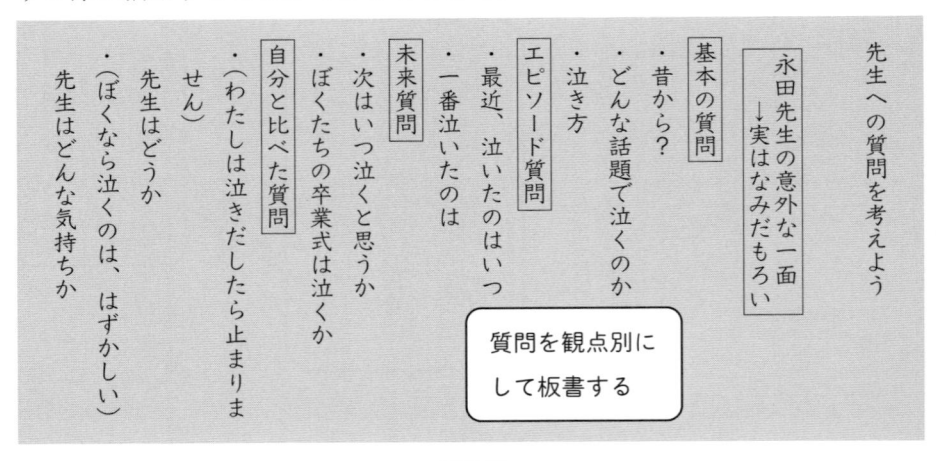

先生への質問を考えよう

永田先生の意外な一面
→実はなみだもろい

基本の質問
・昔から？
・どんな話題で泣くのか
・泣き方

エピソード質問
・最近，泣いたのはいつ
・一番泣いたのは

未来質問
・次はいつ泣くと思うか
・ぼくたちの卒業式は泣くか

自分と比べた質問
・（わたしは泣きだしたら止まりません）
・先生はどうか
・（ぼくなら泣くのは、はずかしい）
・先生はどんな気持ちか

質問を観点別にして板書する

板書例

Scene3　相手の思いを引き出す質問を準備しよう！

そのまま使える！活動の流れ

① 「きき手」となったときに，してみたい質問を考え，質問メモに記入させる。 整理（まとめ）メモ

② 「話し手」が答えやすい質問の順序やききたい質問の内容を考え，質問メモに書き加える。

　複数の質問を考え，インタビュー内容の準備をします。考えた質問をそのまま使うのではなく，「話し手」に配慮し，答えやすい質問項目や分かりやすいきき方を考えさせましょう。質問する順序や答えやすい表現を考えたら，質問メモに書き加えて，実際のインタビューに備えます。

質問メモ例

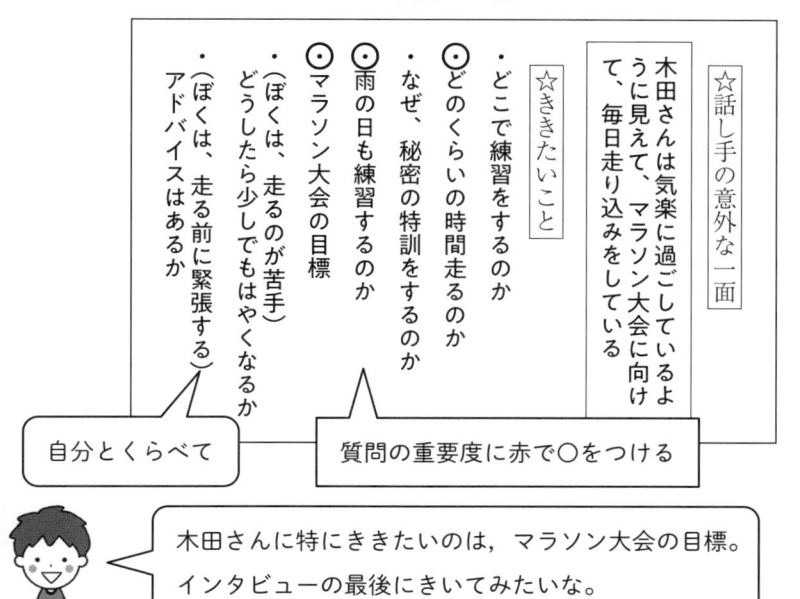

☆話し手の意外な一面

木田さんは気楽に過ごしているように見えて、マラソン大会に向けて、毎日走り込みをしている

☆ききたいこと

・どこで練習をするのか
⊙ どのくらいの時間走るのか
・なぜ、秘密の特訓をするのか
⊙ 雨の日も練習するのか
⊙ マラソン大会の目標
・（ぼくは、走るのが苦手）どうしたら少しでもはやくなるか
・（ぼくは、走る前に緊張する）アドバイスはあるか

自分とくらべて

質問の重要度に赤で〇をつける

木田さんに特にききたいのは，マラソン大会の目標。インタビューの最後にきいてみたいな。

Scene4　メモを再構成しよう！

①メモの取り方の工夫（箇条書き，短く，矢印を使うなど）を出し合い，確認する。

②記録者としてインタビューの内容を記録者メモに記入する。

③友達の意外な一面を報告するために，報告したい順序や思ったことを記録者メモに書き加える。 伝達メモ

　インタビューを始める前に，基本的なメモの取り方を確認しておきます。クラス全体にインタビューの内容を報告し伝達するという目的のために，記録者メモを取ります。きき取ったメモを見返して，報告する際に必要な情報があるかどうかを確認させます。メモを見ながら，報告したい順に番号をつけたり，書き加えたりしながら報告するためのメモにします。

報告したい順に番号を記入する

記録者メモ

② ・どのくらいの時間
① ・雨の日は走りますか
　　　・毎日30分　思ったより長い
　　　・家でスクワット
　　　・腹筋運動
　　　・雨でも休まない　意志が固い

③ ・なぜ，秘密の特訓を始めたか
　　　・少しでもはやくなりたい
　　　・ライバルと競いたい

④ ・マラソン大会の目標
　　　・上位入賞　順位までは……

⑤ ・大会時のリラックスの方法
　　　・自分を信じる
　　　・体調を整える
　　　・目を閉じて三回深呼吸
　　　・練習はうらぎらないととなえる

メモを取りながら思ったこと

ぷらすαポイント

★ メモをしながら友達の意外な一面に気づこう！［Scene 1］

　友達との気軽な会話を通して，メモに記入していくことで，今まで知らなかった友達の一面の発見につながります。まずは，自分で友達メモ例のように，知っていることと知らないことに分けて書き込みます。班のメンバーに，友達の特徴や知っていることをききながらメモに書き加え，楽しく学習を進めていきましょう。

- -

★ 相手の思いや考えを引き出す質問を考えよう！［Scene 3］

　インタビューする側（きき手）は，相手の反応を見ながらインタビューを進めていく必要があります。実際のインタビューでは，「相手が答えにくそうだな」というような想定外のことが起こる可能性があります。その際には，質問の内容を柔軟に変更していくことも大切です。

単元のゴールの姿（例）：記録者の報告

> ┌─────────┐
> │木田さんの意外な一面│
> └─────────┘
>
> 　「木田さんとマラソン」について報告します。木田さんはマラソンが得意だとみなさん、知っていると思います。楽に走っているように見えて実は、とても努力していました。なんと木田さんは、放課後、毎日、走っているのです。おどろいたのは、雨の日でも家の中でできるスクワットなどのトレーニングをしていたことです。晴れている日は三十分以上走るそうです。ぼくなら、すぐにやめてしまいそうです。木田さんは意志が固いなと思いました。なぜそんなにがんばるかというと、……

12

伝記を読み，観点別メモをつくって自分とのつながりをまとめよう

つけたい力　伝記を読み，理解したことをメモし，自分の考えをまとめることができる。

　伝記「やなせたかし」を読み，自分の考えをまとめ，自分の生き方について考える単元です。伝記を読んだ経験は少なく，伝記は難しいというイメージをもっている子も多いのではないでしょうか。この単元では，そんな子ども達の苦手意識を払拭できるように，そして，今後，感想文を書くときにも活用できるように伝記を観点別にメモする提案をします。

Scene1　「読みたい伝記リスト」を作ろう！
Scene2　「やなせたかし年表」を作ろう！
Scene3　読んだことを観点別にまとめよう！
Scene4　伝記と自分とのつながりをまとめよう！

単元計画（全5時間）

1次（1h）	2次（3h）	3次（1h）
・伝記について知り，単元の見通しをもつ。Scene1 ・全文を通読し，伝記を読む準備をする。	・「やなせたかし」を読み，たかしの行動や出来事を年表にする。Scene2 ・観点別に読み，内容をメモし，たかしの生き方を知る。Scene3 ・やなせたかしと自分とのつながりを考え，まとめる。Scene4	・選んだ伝記を読み，まとめた文章を読み合う。

Scene1 「読みたい伝記リスト」を作ろう！

そのまま使える！活動の流れ

①単元の目標を知り，教師の「好きな伝記」「おすすめ伝記」のプレゼンを聞く。

②複数の伝記の紹介を聞き，興味のある伝記を選ぶ。

③**興味のある伝記とその理由を簡単に表にメモして記録する。**

記録メモ

　まず，子ども達が伝記に興味をもつように，教師が「好きな伝記」「おすすめ伝記」を紹介します。表紙を見せたり，冒頭の部分を読んだりしながら，伝記に対する興味づけをしましょう。伝記はページ数が多いものがあり，読むことに抵抗がある子ども達もいるでしょう。

　そこで，本時では，「読みたい伝記」リストをメモさせましょう。リストを作ったうえで，すぐに伝記を手に取れる環境を作り，実際に様々な伝記を読むという行動につなげましょう。

読みたい伝記リスト例

人物	読みたい度	主な理由
手塚治虫	1・②・3	「まんがの神様」と先生が言っていた。神様と呼ばれる理由が知りたい。
ナイチンゲール	1・2・③	将来，看護師になりたいと思っているから。
安藤百福	1・②・3	ラーメンが大好きで，よく食べているから。

伝記をたくさん読むのは大変そうだけど，一番読みたい「ナイチンゲール」を借りてみよう。

Scene2 「やなせたかし年表」を作ろう！

そのまま使える！活動の流れ

①人物の年表を作ることを知り，「やなせたかし」を読む。

②時を表す言葉を見つけ，教科書に線を引く。

③世の中の出来事やたかしの行動を読み，年表にメモし，たかしの人生を把握する。 整理（まとめ）メモ

伝記の構成は，幼少期からの人物の生い立ちを年代ごとに追っているものや「やなせたかし」のように，晩年のことがはじめに書かれているものなどがあります。人物の生きた事実を年表に書き出すことで，大まかに人物の人生を把握することが可能になるのではないかと思われます。また，この活動を通して，４年生までに学んだキーワードを選び要約する力も確認することができます。読み取ったことを簡潔に年表に表すことでたかしの人生の概要を把握させましょう。

やなせたかし年表　メモ例

年（年齢）	出来事
一九一九 （五〇才） 一九三七 （十八才）	東京で生まれる 弟と高知県に引き取られる 東京高等工芸学校入学 （美術の勉強） デザイナーとして製薬会社へ 軍隊に入り中国大陸へ
二〇一一 （九十二才） 二〇一三 （九十四才）	東日本大震災→人々をはげます 亡くなる

Scene3　読んだことを観点別にまとめよう！

そのまま使える！活動の流れ

①やなせたかしの伝記を「功績」「環境」「困難」「名言」などの観点を
　もとに読む。

②観点別にたかしの人生をメモし，まとめる。 整理（まとめ）メモ

③たかしの生き方について意見を出し合う。

　伝記は，その人物が成し遂げたこと（功績），人物が育った環境や時代背景（環境），どんな困難に出会ったか（困難），残した言葉（名言）が書かれていることが多いようです。自分で読みたい伝記を読む際にも，これらの観点が意識できるよう「やなせたかし」を観点別に読み，まとめる活動をしましょう。読み取った内容を観点別に整理していくことで，やなせたかしが，これまでどのような人生を送ってきたのかということが分かりやすくなります。

観点別メモ例

名言	困難	環境	功績	観点
「本当の正義とは、おなかがすいている人に、食べ物を分けてあげることだ。」	・うまく父、なくなる ・高知にひきとられる ・弟、戦死 ・ヒット作がでない ・アンパンマンの評判	・小さいころから両親とはなれてくらす ・若いころ戦争（うえの苦しみ） ・引退しようとする時　東日本大しんさい	・「アンパンマン」のアニメが人気になる ・ひ災した松の木の歌	

Scene4　伝記と自分とのつながりをまとめよう！

そのまま使える！活動の流れ

①観点別にまとめたメモを読み返す。

②やなせたかしと自分との接点を見出し，ノートなどにまとめる。

> 整理（まとめ）メモ

③まとめたものを読み合い，それぞれ感じ方や考え方が異なることを認
め合うとともに，やなせたかしの生き方を知る。

　たかしが生きた時代と自分が生きている時代は異なるので，共感できない
ことも多いと推測されます。しかし，たかしが生きた時代を本文から読み取
り，たかしの思いを想像することはできます。たかしの生き方と自分の生き
方とを結び付け，まとめることで，これからの自分の生き方について考えさ
せましょう。そして，自分が選んだ伝記で考えをまとめる学習につなげまし
ょう。

たかしの生き方と自分の生き方を比較して，感想や考えをまとめましょう。

弟が戦死したとき，たかしはどれほど悲しかっただろう。わたしもおばあちゃんがなくなったとき，とても悲しかった。たかしは，弟と支え合って生きてきたと思うから，特に悲しみが強かったと思うな。

たかしは正義を大事にしたんだね。だから「アンパンマン」が誕生したのかもしれない。……

ぷらすαポイント

★ 様々な伝記に興味をもたせよう！［Scene 1］

　子ども達と伝記との出会いを楽しく演出しましょう。印象的な一文や挿絵を示しながら，子ども達の興味を引くための紹介を工夫しましょう。「科学に興味がある人におすすめ」などと限定して言葉かけをするのも効果的です。また，学校司書に伝記のプレゼンを依頼したり，相談に乗ってもらったりするのもよいでしょう。

- -

★ 伝記を読む観点を広げよう！［Scene 3］

　ここでは4つの観点を挙げましたが，子ども達の実態を考えて柔軟に考えたいところです。「人生の選択をする」場面，「支えてくれた人」などが登場する伝記も多いので，観点として挙げることが考えられます。

やなせたかしの生き方と結びつけて（例）

　わたしは、「正義を行い、人を助けようとしたら、自分も傷つくことをかくごしなければならない」という たかしの言葉が心に残りました。

　わたしは、自分をぎせいにしてまで他の人を助けられそうもありません。でも、昔読んだ「アンパンマン」を読み返してみて、自分の頭をかじられても苦しんでいる人を助けるアンパンマンのやさしさに心を打たれました。

　アンパンマンのような正義の味方になることはできないかもしれないけれど、そういう生き方はかっこいいなと思いました。

13

記録　整理（まとめ）　伝達　創造

6年　「聞いて，考えを深めよう」光村図書

メモを活用しながらインタビューし，考えたことを伝え合おう

つけたい力　インタビューを通して知りたいことを明らかにし，相手の考えや自分が聞こうとする意図に応じて，自分の考えと比較しながら捉え，メモに取ることで自分の考えを深めることができる。

話の流れを踏まえ相手の思いや考えを引き出す質問力は，高学年でつけたい力です。本単元では，相手の思いや考えをメモしながら正確に聞くとともに，自分の考えと比較したり，話を聞いて生まれた質問や考えたことをメモに書き加えたりする活動をします。この活動を通して，深まった考えを伝え合いましょう。

Scene1　インタビューする相手を決めよう！
Scene2　知りたいことを明らかにし，インタビューの準備をしよう！
Scene3　メモに自分の考えを書き加えよう！
Scene4　インタビューを通して深まった考えを伝え合おう！

単元計画（全6時間）

1次（1h）	2次（4h）	3次（1h）
・これまでのインタビューでの経験を振り返る。 ・インタビューの相手を考える。　**Scene1**	・自分の考えや理由，予想される質問などをノートに書き，インタビューに備える。　**Scene2** ・相手の思いや考えを聞き，自分の考えと比べ，メモを取る。 ・必要に応じて，メモに線を引いたり考えや質問を書き加えたりする。　**Scene3**	・インタビューを通して気づいたことや考えが深まったことを伝え合う。**Scene4**

Scene1　インタビューする相手を決めよう！

そのまま使える！活動の流れ

①単元の目標を知り，これまでインタビューしたことやメモの取り方について経験を出し合う。

②学校のよいところについて，学校にどんな人がどんな思いや考えで関わっているか，表にまとめて整理する。整理（まとめ）メモ

③グループで意見を交流し，インタビューする相手を決める。

　6年間の小学校生活を思い出し，学校に環境面で関わってくださっている方，学習活動でお世話になっている方，安全に配慮してくださっている地域ボランティアの方などで，自分が考える学校のよいところとその人との関連を考え，表にまとめて整理します。まずは，これまで学校にどんな人々が関わっているか，できるだけたくさん挙げ，そのうえで学校との関連について考えます。逆に学校のよいと思うところから考え，そこに関わっている人はどんな人か，という順でも構いません。一人で思いつかない場合はペアやグループで一緒に考えてもよいです。

インタビューの相手メモ例

インタビューの相手	学校のよいところや関わり
米作りボランティア	自然豊かな校区で，近くの田んぼで苗植えから収穫まで教わり，お米の大切さを知ることができた。
読書ボランティア	図書室には本がたくさんあって，毎年新刊も入っている。ブックトークや読み聞かせをしてくれて，いろいろな本を知ることができた。
写真館のカメラマン	いろいろな行事で写真を撮ってくれ，これまでの学校外の活動にも一緒に参加してくれていた。
防災ボランティア	もしものことが起こってもみんなが安全に避難できるように，防災マップを使って分かりやすく教えてくれた。

Scene2　知りたいことを明らかにし，インタビューの準備をしよう！

①知りたいことに対して自分の考えをもつ。

②質問したいことをメモに書く。

③一つの質問に対して予想される相手の反応（答え）やそれに対する複数の質問を準備し，メモに書く。　整理（まとめ）メモ

　ノートを見開きで用意し，メモをしやすいようにします。1ページ目には，③の質問や予想される相手の反応（答え）を想定し，簡単にメモします。2ページ目には，話を聞いてメモが取れるようにフリースペースとします。下のメモ例のように一番知りたい質問は最後にし，それにつながるように質問を重ねていく順路を作り，展開を考えることがインタビューの成功につながります。

ノートメモ例
［1ページ目］

質問に対する複数の答えを考えておく。

どのような答えにも対応できるよう質問を考えておく。

相手の反応を見て一番聞きたい質問につながる補助質問も考えておく。

一番聞きたい質問を最後にする。

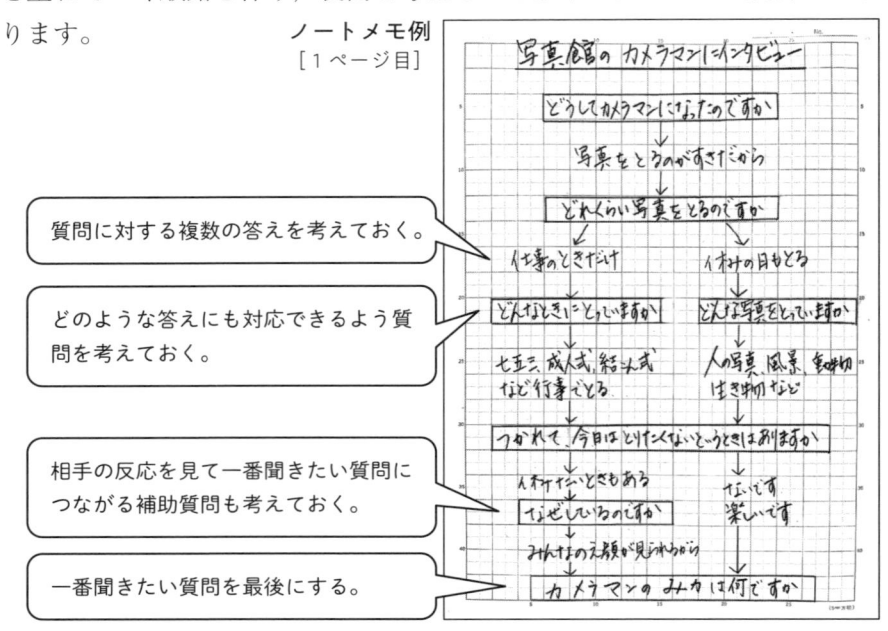

Scene3　メモに自分の考えを書き加えよう！

そのまま使える！活動の流れ

①インタビューしたことをメモする。 記録メモ

②メモを見直し，メモに書き加えをする時間をとる。 整理（まとめ）メモ

伝達メモ

③メモに書き加えたことを見ながら，考えの変化を伝え合う。

　インタビューしながらノートにメモを取る。事前に準備したノート（1ページ目），フリースペース（2ページ目）など，自分が取りやすい方を選択させる。さらに，②では，時間をとり，分かったことやなるほどと思ったこと，考えが変化したことなどをメモに書き加えさせます。メモに書き加えるときには，矢印，囲み，吹き出しなどのメモの工夫を知らせ，効果的に使えるようにすれば，自分の考えやその深まりを表現することができるでしょう。

ノートメモ例

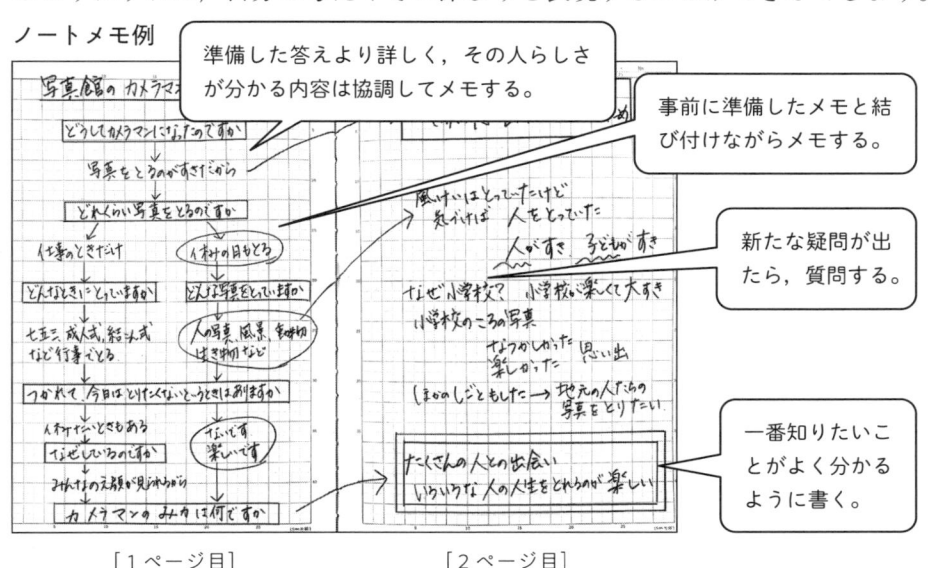

[1ページ目]　　　　　[2ページ目]

Scene4　インタビューを通して深まった考えを伝え合おう！

そのまま使える！活動の流れ

①インタビューを通して，考えたことをグループで伝え合う。その際に自分の考えがどう深まったり，変わったりしたのかが分かるように伝える。

②今後，インタビューをするときに気をつけることを話し合う。

　本単元の学習を通して，自分とは立場や年齢の異なる人から話を聞き，新たな視点をもったり納得したりした体験をしたことでしょう。今後に活かすために，話を聞くときに大切なことやそれをもとに自分の考えを深めることについて，意見を出し合いまとめておきましょう。まとめたものを掲示しておけば，学習の前に振り返り，確認することができて便利です。

私は，写真館のカメラマンにインタビューしました。いつも仕事でたくさんの写真を撮られています。写真を見ると，そのときの記憶が時間が経っても思い出されるように，１枚の写真は，「一瞬を切り取った，その人の思い出の１ページ」であることが分かりました。だから，「たくさんの人との出会いがあって，いろいろな人の人生を撮れるのが楽しい」と言われていたことが印象的でした。今年で卒業ですが，私も小学校生活がとても楽しかったです。写真屋さんのようにアルバムをめくりながら，自分の笑顔を見て，小学校を懐かしく思い出す日が来るのかなと思いました。

［参考文献］

長谷浩也・重内俊介・清瀬真太郎編著『豊富な実践事例とＱ＆Ａでよく分かる！小学校国語科の授業づくり』（2021，明治図書）

ぷらすαポイント

★ インタビューの相手を決めよう！［Scene 1］

　インタビューの経験は，これまでもたくさん積んできていると思います。今回は小学校生活最後の集大成のインタビュー単元です。学校や学習に関わってくれている方と学校のよいところとの関連を考えたとき，子ども達だけではあまり浮かばないかもしれません。地域によって実態は異なりますが，あらかじめ教師がインタビュー相手の候補を準備しておきましょう。

【インタビュー相手の候補】
　・ALT　・学習ボランティア　・学生ボランティア　・茶道ボランティア
　・書道ボランティア　・昔遊びボランティア　・科学実験ボランティア
　・プログラミングボランティア　・給食の調理師さん　・地域見守り隊
　・手話ボランティア　・体操ボランティア　・地域の偉人など

- -

★ 自分の使いやすいメモを準備して臨もう！［Scene 2・3］

　これまでノート，プリント，付箋など様々な形態でメモを取ってきたと思います。事前に準備するメモも紙媒体だけでなく，パソコンやタブレットのメモ機能，音声メモなど，話を聞きながらメモが取りやすいもの，後からメモを見返して活用しやすいものという視点で，子ども達に合ったメモの取り方ができるように，メモを取る環境を整えるようにしましょう。

- -

★ 今後のインタビューで活かそう！［Scene 4］

　これからもインタビューするという機会はあるでしょう。準備したものだけでなく，話の流れや相手の発言を受けて，瞬時に言葉のやり取りができるように共感，納得，確認，気づきなど，考えの深まりを感じながらできるようにするのが大切です。

14

6年　「大切にしたい言葉」光村図書

メモに整理しながら，
経験と考えを伝えよう

つけたい力 メモを活用して大切にしたい言葉と関連する経験を詳しく書き出し，自分の思いが伝わるよう文章に表現することができる。

6年間で出会った言葉から大切にしたい言葉を一つ選び，自分の経験と関連させて文章に書いて伝える単元です。メモを活用して出会った言葉と関連する出来事や経験をつなげて考えることで，自分と向き合う時間となります。加えて，文章を伝え合うことで，互いの良さを認め合う活動にしましょう。

Scene1	大切にしたい言葉を思い出そう！
Scene2	大切にしたい言葉を選び，関連する経験を書き出そう！
Scene3	付箋を並べ替えて，文章構成を考えよう！
Scene4	付箋を使って，文章を推敲し合おう！

単元計画（全6時間）

1次（1h）	2次（4h）	3次（1h）
・6年間を振り返り，今まで出会った言葉の中で大切にしたい言葉を想起し，単元の見通しをもつ。 **Scene1**	・大切にしたい言葉を選び，関連する経験をノートに書き出す。 **Scene2** ・書く分量を確かめ，付箋を並べ替えながら文章構成を考える。 **Scene3** ・下書きをし，友達と推敲し合う。 **Scene4** ・書き表し方を工夫して清書する。	・クラスで読み合い感想を伝え合う。 ・学習のまとめをする。

144

Scene1　大切にしたい言葉を思い出そう！

そのまま使える！活動の流れ

①今まで出会った言葉の中で大切にしたい言葉を想起し，単元の見通しをもつ。

②言ってもらった言葉や本などで知った言葉など，自分の心に残った言葉ついて出し合う。

③大切にしたい言葉を思い出し，メモに書き出す。 記録メモ

　6年間の学校生活の中で子ども達は様々な言葉に出会ってきています。しかし，心に残った言葉を思い出すことができない子もいるでしょう。そこで，日頃の生活や行事などを振り返らせたり，本や資料を提示したりすることで心に残っている言葉について幅広く思い出せるようにします。またアニメや歌詞など，子ども達の身近で親しみのあるものでもよいかもしれません。その後，話し合ったことを思い出しながらメモに書き出していきます。

大切にしたい言葉メモ例

書き表し方を工夫して、経験と考えを伝えよう
「大切にしたい言葉」

六年　組　番　名前

めあて　六年間で出会った言葉を探し、メモに書き出そう。

心に残った言葉	言った人	自分の経験との つながり
「何事にも チャレンジしよう。」	校長先生	苦手な水泳
「しんどいときが 成長のチャンス」	サッカーチーム サッカー部での のコーチ	サッカーの練習
「努力は無駄じゃない」	お父さん	サッカーの練習 出来事
「急がば回れ」	ことわざ	家庭科の学習
「アイディアは 好奇心から生まれる」	ディズニー	児童会活動
「負けを知ったとき、初めて 勝つことができる」	水泳選手	陸上記録会
「しあわせはいつも 自分のこころがきめる」	相田みつを	一年生との交流

事前学習

グループで思い出を出し合っているうちに，校長先生やあこがれの選手が言っていたことを思い出したよ。

Scene2　大切にしたい言葉を選び，関連する経験を書き出そう！

そのまま使える！活動の流れ

①自分にとって大切にしたい言葉を選ぶ。

②選んだ言葉と関連する経験を思い出し，詳しくメモに書き出す。

　　　　　　　　　　　　　　　　　　　　　　　　　|記録メモ|

③事実や意見，感想などを図や表を用いながらまとめる。

　当時の様子をさらに詳しく思い出したり，忘れていた出来事を思い出したりするために，付箋やカードを使いながらメモに書き出していきます。自分の経験，そのときの考え，言ってもらったときの気持ちなどをたくさん書き出せるようにしたいものです。その際，事実と感想，意見，言われたことなど付箋を色分けしながらまとめておき，文章構成に活かしていくとよいでしょう。

付箋メモ例

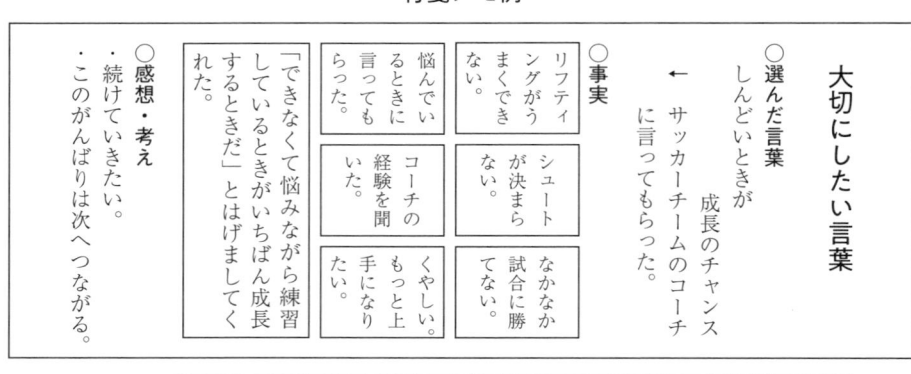

大切にしたい言葉

○選んだ言葉
　しんどいときが　成長のチャンス
　←サッカーチームのコーチに言ってもらった。

○事実
　リフティングがうまくできない。
　シュートなかなか決まらない。
　なかなか試合に勝てない。
　悩んでいるときに言ってもらっていた。
　コーチの経験を聞いた。
　くやしい。もっと上手になりたい。
　「できなくて悩みながら練習しているときがいちばん成長するときだ」とはげましてくれた。

○感想・考え
　・続けていきたい。
　・このがんばりは次へつながる。

ぼくが一番悩んでいるときに励ましてもらった。この言葉で，今成長しているときだから，がんばろうと前向きになれた。このことをみんなにも知ってほしい。

146

Scene3　付箋を並べ替えて，文章構成を考えよう！

そのまま使える！活動の流れ

①書く分量や文章の書き方を確認する。
②付箋を並べ替えて，文章構成を考える。 創造メモ
③自分の意見や伝えたいことの中心を考える。

　ここでは，書く分量や書き方を確認した後に，前時に書き出した付箋を並べ替えて，文章構成を考えていきます。文章構成に合わせて，どのような順番で書くとよいのか考えさせるとよいでしょう。その際，吹き出しで当時の感情や今の気持ちを書き込むことで，より内容が深まるようにしましょう。並べ替えた後には，伝えたいことや今後の生活に活かしていきたいことなど，自分の考えがまとめられるようにしておくとよいでしょう。

文章構成メモ例

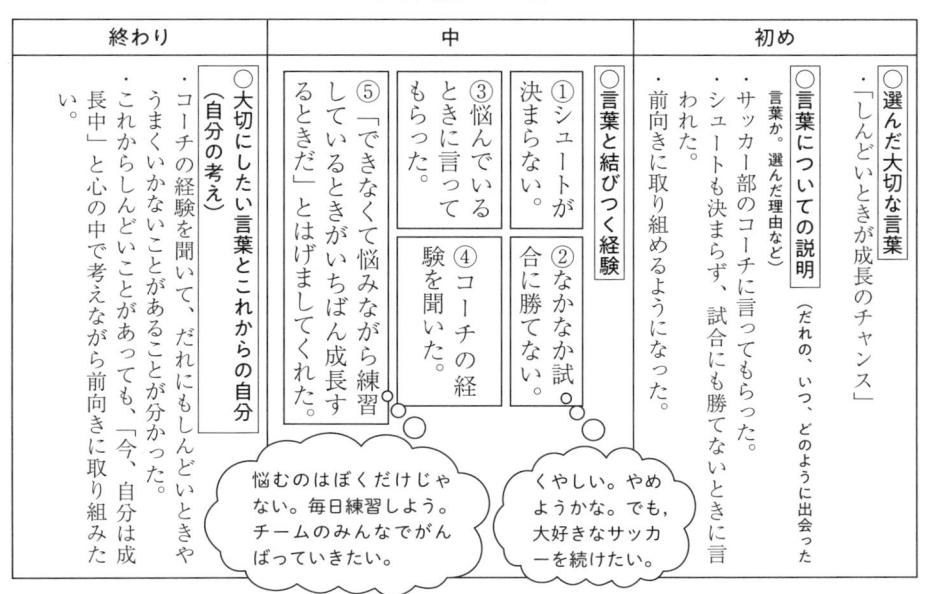

Scene4　付箋を使って，文章を推敲し合おう！

①自分の文章を読み，推敲する。

②3，4人のグループで読み合い，友達の文章にアドバイスを伝えたり，
　書き込んだりする。 伝達メモ

③アドバイスを参考にして文章を仕上げる。

　文章の下書きが終わったら，まずは，自分で文章を推敲します。直すところや付け加えるところなど赤で書くようにします。その後友達と読み合い，アドバイスし合いましょう。その際，付箋で付け加えたり，青で書き加えたりすることで，友達のアドバイスで自分では気づかなかったところに気づけたという交流のよさを実感させましょう。読み合う際には，アドバイスや提案するポイントを提示しておくとよいでしょう。

書いた文章を読んで，アドバイスし合い，よりよい文章に仕上げましょう。

原田さんの文章は，自分の悔しい思いがしっかり書かれていて，いいね。

そうだね。その悔しさがあったから，コーチの言葉がしっかりと心に残ったんだね。もう少し，そのときの気持ちが書けているといいと思ったよ。

なるほど。アドバイスありがとう。コーチに言われたときの気持ちや自分がしたことをもう少し詳しく書いてみるね。

ぷらすαポイント

★ ICT を活用し，メモを書こう！ ［Scene２，３］

　メモを書く際，紙媒体でもよいですが，ICT 機器を使うのも一案です。タブレット端末を活用し，思い出したことを付箋やメモに書き出していきます。書いたり消したりすることも簡単で，事実や感想に応じて色も変えやすいなど，児童も取り組みやすく教師側の準備も少なくなります。また，その付箋を構成の際にすぐに並べ替えることができるのもよいでしょう。

- -

★ ICT を活用してよりよい文章にしよう！ ［Scene４］

　この単元における文章は，自分の思いが友達に伝わるかどうか，ということを大事にしたいです。そのため，アドバイスし合うことで文章をよりよいものに仕上げていきましょう。まず，文章を友達と交換して読み合います。タブレット端末のアプリや学習支援ツールなどの付箋やコメント機能を使ってアドバイスを書き込んだりすることで，よりよい文章にすることができるでしょう。

しんどいときが成長のチャンス

サッカーは、ぼくの一つの大好きなスポーツだ。この前、コーチに言われた言葉を大切にしたいと思った。こんな言葉だ。

「今、試合で勝てなくても、練習をがんばれば成長できるよ。」

という言葉だ。

この言葉を言われたのは、小学二年生の練習試合のときだった。負けてしまい、チームのみんなが「もうサッカーをやめたい。」と言っていた。ぼくも、そんな気持ちになっていた。でもコーチにこの言葉を言われて、やめずに練習をがんばろうと思った。

それからは、しんどいときもヘビースライディングなどの練習をがんばって続けた。すると、だんだん試合で勝てるようになってきた。

チャレンジすることは、とても大切なんだと気づいた。しんどいときこそ成長のチャンスだと思う。

ぼくはこれからも、しんどいことから逃げずに練習をがんばっていきたい。前向きに晴れ晴れとした心で成長していきたい。今、自分から何事にも取り組みながら、前向きに考えていきたい。

文章例

おわりに

　小学校教員としてこれまでのメモ指導について振り返り，子ども達の取ったメモを見るなかで，メモを４つの機能「記録」「整理（まとめ）」「伝達」「創造」に分類しました。『音声言語指導大事典』（高橋俊三編，1999，明治図書）にある「メモ（聞き取り）」の項目で，宗我部義則氏は，「メモはメモランダムの略で，『備忘録』『手控え』の意。」と定義し，以下のことを目的・機能として提案しています。

（１）　備忘…後に残らない話し言葉の特性をふまえ，話の内容・要点を忘れないようにする。

（２）　理解を深める…聞きもらしを少なくし，また，話のキーワードや要点などを書き留めて，聞いた後で振り返る。

（３）　自分（聞き手自身）の意見や考えを生み出す…聞き取りながら，あるいは聞き取ったことをもとにして，自身の意見や考えを作りだしたりまとめたりする。

（４）　表現に備える…聞き取った内容を再生して他者に発表・伝達する。

（５）　話し方や話の内容・組み立てなどを評価する…音声言語指導の場で児童生徒がお互いのスピーチや発表などを相互に評価しあう。

　これらを私たちが提案している４つのメモの機能に当てはめてみますと，「記録」は（１），「整理（まとめ）」は（２），「伝達」は（４）（５），「創造」は（３）に該当します。子ども達をこれまで以上に主体的な学びに誘うために「記録」「整理（まとめ）」を基盤としながら「伝達」「創造」に向かわせ

ることを大切にして執筆を進めてきました。提案しました事例を読者の先生方のクラスや学習目標に合わせてアレンジしてくださり，良い実践がございましたら教えていただければ幸いでございます。

　未来を担う子ども達に，メモを取るだけに終わらずメモを活用できるように日常として根づいてほしいと思っています。

　最後になりましたが，日々の実践をこのような形にまとめることができましたのは，明治図書出版社の皆様，とりわけ企画，構成の相談，編集に至るまで細やかにご対応いただいた，林知里さんのご尽力のおかげです。深く感謝申し上げます。また，これらの実践に当たり，同僚の先生方との学び合いやご協力に対して心からお礼申し上げます。

2024年9月

前田　貴代

【監修者紹介】

長谷　浩也（はせ　ひろなり）

兵庫教育大学大学院修了，教育学修士。姫路市公立小学校教諭，姫路市教育委員会指導主事，環太平洋大学教授を経て，現在，姫路大学教授。主著に『小学校国語科　対話が子どもの学びを変える　指導のアイデア＆授業プラン』（単著），『小学校国語科　合意形成能力を育む「話し合い」指導』（共著，いずれも明治図書）など多数。

【著者紹介】

前田　貴代（まえだ　たかよ）

兵庫教育大学大学院修了，教育学修士。伊丹市公立小学校教諭を経て，現在姫路市公立小学校教諭。主著に『豊富な実践事例とQ＆Aでよく分かる！小学校国語科の授業づくり』（分担執筆，明治図書）などがある。

谷口　祥子（たにぐち　さちこ）

兵庫教育大学大学院修了，教育学修士。姫路市公立小学校教諭を経て，現在姫路市公立小学校教頭。主著に『小学校国語科「話すこと・聞くこと」の授業パーフェクトガイド』（分担執筆，明治図書）などがある。

【執筆協力者】

大呂　優香　鳥取県鳥取市公立小学校教諭

日常指導から教科書活用まで！

聞く力・書く力を育てるメモ指導

思考を整理するメモ技

2024年10月初版第1刷刊	監修者	長　谷　浩　也
	©著　者	前田貴代・谷口祥子
	発行者	藤　原　光　政
	発行所	明治図書出版株式会社

http://www.meijitosho.co.jp

（企画）林　知里（校正）井草正孝

〒114-0023　東京都北区滝野川7-46-1
振替00160-5-151318　電話03(5907)6703
ご注文窓口　電話03(5907)6668

＊検印省略　　　組版所　朝日メディアインターナショナル株式会社

Printed in Japan　　　　ISBN978-4-18-283616-9

もれなくクーポンがもらえる！読者アンケートはこちらから →